AMAL TAHIR
@amaltahir

LE GUIDE DU Self-care

Rencontre ta goddess intérieure

Illustrations de Troty

LEDUC

REJOIGNEZ NOTRE COMMUNAUTÉ DE LECTEURS !

Inscrivez-vous à notre newsletter et recevez des informations sur nos parutions, nos événements, nos jeux-concours… et des cadeaux !
Rendez-vous ici : **bit.ly/newsletterleduc**

Retrouvez-nous sur notre site **www.editionsleduc.com** et sur les réseaux sociaux.

Leduc s'engage pour une fabrication écoresponsable !
« Des livres pour mieux vivre », c'est la devise de notre maison. Et vivre mieux, c'est vivre en impactant positivement le monde qui nous entoure ! C'est pourquoi nous choisissons nos imprimeurs avec la plus grande attention pour que nos ouvrages soient imprimés sur du papier issu de forêts gérées durablement, et qu'ils parcourent le moins de kilomètres possible avant d'arriver dans vos mains ! Pour en savoir plus, rendez-vous sur notre site.

Édition : Mathilde Poncet
Préparation de copie et correction : Laura Puechberty
Relecture : Nathalie Reyss
Design de couverture et maquette intérieure : La fabrique graphique
Illustrations : Troty

10, place des Cinq-Martyrs-du-Lycée-Buffon
75015 Paris – France

ISBN : 979-10-285-2292-6

SOMMAIRE

PRÉFACE
DE VALÉRIE BENOIT
@VALBENOIT – MENTOR POUR FEMMES

Le fameux « self-care »...

Si vous ne croyez pas encore aux pouvoirs mystérieux de l'Univers, laissez-moi vous raconter une partie de mon histoire.

Quand Amal m'a demandé d'écrire la préface de son nouveau livre *Le guide du self-care*, j'ai immédiatement compris que tout était interconnecté.

La réalité est que j'ai réellement assimilé ce qu'était le self-care après avoir fait un profond travail sur moi-même.

Quand j'ai commencé à plonger dans le monde du self-care, il y a de ça quelques années, alors que ça devenait populaire, j'ai pensé que j'avais enfin trouvé une formule magique. Une solution miracle qui allait éliminer absolument tout ce qui ne fonctionnait pas dans ma vie et me transformer en une nouvelle femme.

Ce que je n'avais pas encore réalisé, c'est que ma façon de faire du self-care était en surface : prendre un bain, me faire livrer à manger, dormir deux heures de plus, appliquer des soins pour la peau avec un verre de rosé un vendredi soir...

Je me sentais bien l'espace de quelques heures, mais le vide que je ressentais habituellement revenait m'habiter tout aussi vite qu'il m'avait quittée.

Puis un jour, ça a cliqué, j'ai compris que cette façon de faire était un masque, voire même un pansement qui me permettait d'oublier tout ce qui n'allait pas dans ma vie. Je ne faisais que m'anesthésier sous prétexte de self-care ! Ma vie ne changeait pas réellement. JE ne changeais pas.

Pour vous mettre dans le contexte, moi c'est Val, 27 ans, coach et mentor pour les femmes prêtes à réclamer souveraineté et abondance dans leur vie en activant leur puissance féminine divine.

J'ai aidé des centaines de femmes à s'accepter radicalement, à transformer leur réalité et vivre avec plus de confiance, d'intuition et de flow, et ce, à travers du coaching, des programmes et des partages honnêtes sur les réseaux sociaux.

Avant d'être cette femme, j'ai été investie corps et âme dans le monde du fitness et les compétitions de culturisme. Cette période de ma vie, bien que non alignée avec mon essence réelle, m'a appris qu'être différente était magnifique. Que j'avais le droit d'expérimenter afin de découvrir qui j'étais vraiment.

C'est en naviguant dans des extrêmes comme le fitness et le culturisme que j'ai compris que le self-care était tellement plus que de petits gestes bien-être réalisés ponctuellement au courant de la semaine ou du mois.

En sortant de ce modèle toxique dans lequel seul mon corps était vénéré, je me suis tournée vers les trois « M » :

MÉDITATION

J'ai débuté une pratique de la méditation quotidienne qui m'a permis de devenir consciente de tous les schémas qui me gardaient petite et malheureuse. Je suis devenue l'observatrice de mes pensées et je me suis tranquillement programmée pour le succès et l'abondance dans ma vie en comprenant que j'étais l'ultime créatrice de ma réalité.

MASTURBATION

Oh que cette pratique a radicalement changé ma vie ! Me reconnecter à mon désir, mon plaisir et mon énergie féminine m'a permis d'accepter TOUT ce que je suis. En tant que femme, je suis multidimensionnelle et ce n'est pas un défaut, mais bien une force incroyable. Mon plaisir est valide et il est sain et sécuritaire pour moi de l'explorer.

MANIFESTATION

Vous l'aurez deviné, honorer ma pratique de méditation, de masturbation, mes désirs, le plaisir partout autour de moi et prendre la décision de m'aimer radicalement dans tout ce que je suis m'a amené à devenir une goddess de la manifestation. Si je désire quelque chose, je peux l'obtenir. Je ne parle pas seulement des rituels de manifestation que vous voyez passer sur YouTube et TikTok, c'est beaucoup plus grand que ça et vous allez le découvrir dans les pages qui suivent...

Le self-care est maintenant beaucoup plus qu'une pratique pour moi. C'est un état d'esprit dans lequel je m'autorise à explorer toutes les parties de moi-même.

Belle âme, que cette lecture te propulse « à la rencontre de ta goddess intérieure » (comme Amal le dit si bien) et plus loin encore ! Que tu te permettes de désirer toujours plus, de rêver encore plus grand. Que tu réalises que la vie peut être un flow aisé guidé par la joie et le plaisir avant tout. Que tu te réappropries le self-care d'une manière qui te fais grandir et évoluer vers la goddess qui sommeille en toi.

Je suis confiante dans le fait que tu sois tombée sur ce livre pour une raison bien spécifique. Mon intuition me dit que tu es prête à faire ce saut...

Bon voyage intérieur, belle âme !

XO, Val

« GREAT THINGS
NEVER CAME
FROM CONFORT
ZONES. »

AVANT-PROPOS

Émotions. Blocages. Peurs. Vie. Il y a tellement d'autres mots puissants qui vont t'accompagner durant la lecture de ce livre. J'espère que comme moi, tout ce que tu vas apprendre ici va te transformer, je ne dirais pas « transformer ta vie » parce que j'ai appris que c'est en transformant ce que tu es, que tu impactes réellement ta vie. Les gens cherchent souvent à changer de vie, sans se changer soi-même. Par exemple les personnes qui veulent quitter leur job, ils pensent que le but est de changer de travail, alors qu'il faut se transformer soi-même pour changer de réalité, et donc de travail. En devenant plus épanouie, tu te rendras compte que ton boulot ne te convient plus, et si tu as confiance en toi, alors tu pourras attirer le travail que tu souhaites dans ta réalité. À l'inverse, ne faire aucun travail sur soi, et changer simplement de boulot n'apporte pas une vraie plus-value à ce que tu es vraiment. Tu es ta vie, tu es l'Univers, tu es cette énergie principale dans ta réalité.

Après cette prise de conscience (prépare-toi, tu en auras plein dans ce livre) je me présente rapidement : je suis Amal Tahir, coach en neurosciences et plus spécifiquement dans trois domaines : le self-love, la sexualité positive et la loi de l'attraction. Bref, le *good sex and good energies*. Avec ce livre, je t'embarque dans une nouvelle aventure qui tourne autour du self-care. Pourquoi ? Parce que tout est énergie. Tu es énergie. Ton entourage est énergie. L'argent est énergie. Le sexe est énergie aussi. Tout est subjectif et objectif en même temps. Si tu lis ces pages c'est que ce livre t'a donné envie de prendre soin de toi, que tu as besoin de prendre soin de toi, d'aller au-delà de ta zone de confort, d'apprendre plusieurs choses qui, pour moi, sont des piliers du bien-être. J'ai décidé d'écrire ce livre dans un moment de ma vie où la chose dont j'avais le plus besoin c'était de prendre soin de mon âme, de mon cœur et de mon cerveau. J'ai commencé l'écriture de cet avant-propos sous une petite lampe d'hôpital, à 3 heures du matin. Je pensais très fort : « Encore quatre heures et je me tire de ce stage qui me rend malheureuse ». Je détestais cette vie, ce métier n'était pas fait pour moi, cette routine n'était plus la mienne. Je l'ai compris et je me suis cassée après ce dernier jour. Je ne suis plus jamais revenue. Les mots que tu liras au fil des pages sont réellement un mix entre souffrance, passion, besoin de lâcher prise, espoir. Tu as devant toi une vraie passionnée : je vis passion, je mange passion, je fais tout par passion. Et qui dit passion, soyons honnête on parle souvent de manque de stabilité, dit qu'on ne sait pas de quoi demain sera fait. Et la passion ne connaît qu'une issue possible pour les concernées, c'est la réussite. Pour arriver à cette réussite spirituelle, intérieure et/ou professionnelle, il te faut les bons ingrédients, et ce sont ces ingrédients que je vais te présenter dans ce livre. Tu verras : tu vas passer de chapitre en chapitre et sentir ta goddess intérieure grandir et évoluer, TU auras évolué à la fin de ce livre. Tu peux le lire pour plusieurs raisons : prendre soin de toi, apprendre à t'aligner énergétiquement, rechercher un éveil spirituel, augmenter ton énergie sexuelle. Tu peux être une entrepreneuse à la recherche d'un livre pour se développer, une passionnée qui souhaite attirer à elle ce qu'elle veut... bref, ici le mot-clé est énergie. Chaque larme, chaque frisson et chaque sourire que mes mots vont déclencher, c'est un pas de plus pour être la véritable toi. Chaque mot va te rapprocher de ta goddess intérieure. Tu es prête à rencontrer l'amour de ta vie ? C'est parti.

Amal

Chapitre 1

QU'EST-CE QUE LE SELF-CARE ?

Première étape pour toi : découvrir le **self-care** et ce que cela signifie réellement. Souvent, on prend soin de soi comme la société nous le montre à la télévision, dans les magazines, autrement dit de son corps physique, mais on oublie le corps énergétique, qui lui aussi a besoin d'une dose de self-care. Tu dois vraiment imaginer que tu as deux corps : le corps physique donc celui que tu touches, que tu vois, et ton corps énergétique, celui qui n'est pas palpable. En tant qu'être humain nous sommes composées de 72 000 canaux énergétiques, nous avons une âme, des blessures, des traumas, une mémoire cellulaire. Tu comprends bien que tu n'es pas seulement un corps, tu es bien plus que ça. Mais la société nous parle beaucoup de ces moyens de self-care physique : manger du chocolat, prendre un bain, faire un masque pour le visage, et on oublie totalement le corps énergétique. Beaucoup de personnes se disent : « Ok oui, ce bain moussant me fait du bien, mais le bien-être ne dure pas ». En effet ce sont des plaisirs importants, mais qui ne vont pas durer sur le long terme, c'est comme le sport, c'est efficace pour libérer des endorphines, mais une seule séance ne suffit pas, il faut faire du sport continuellement pour les libérer sur le long terme, obtenir les résultats souhaités et se sentir bien. Le self-care c'est un mode de vie.

Un autre exemple important : le travail. Tu passes huit heures par jour dans un job qui ne te convient pas, en appliquant chaque soir un « self-care passager » pour te remettre de ta journée de travail ? Tu n'y es pas ! Faire un travail qui t'anime vraiment et qui te plaît, c'est ça le self-care !

Est-il réellement sain d'avoir un emploi qui t'oblige tous les soirs à te faire livrer à manger et te faire couler un bain pour te détendre ? Tu travailles pour gagner de l'argent qui sera dépensé le soir même pour combler le vide que ce boulot provoque.

Peut-être que ces phrases résonnent violemment en toi, tu te reconnais, et ça te pousse vers un éveil dont tu as réellement besoin. Tu vas prendre conscience que tu dois prendre soin de toi, que tu en as besoin pour te développer, t'aligner et te sentir en ordre à l'intérieur de toi, dans tout ce que tu as de plus profond. C'est ce que j'appelle le self-care qui est un mot anglais, mais je le trouve plus frappant, car il est composé de « self » donc le *toi* et le « care » qui signifie *soin*. Revenons à tous ces moyens faciles qui viennent apaiser notre corps et un peu notre âme : un bon bain, une bonne bouffe, un soin du visage… Ils nous procurent une sensation de bien-être, mais ne prennent pas soin de nos ambitions, de notre futur, de notre âme profonde, notre énergie. Ils ne fonctionnent pas sur le long terme, car la frustration et le besoin reviennent sans cesse dans notre réalité. Et si ta vie devenait tellement épanouie que le self-care était constamment présent ? Quotidiennement ? Et si, tous les jours, toutes les semaines tu avais tes propres rituels qui te permettraient de prendre soin de toi sur le long terme, de te développer et te faire sentir bien. Si au lieu de dire « je vais me maquiller aujourd'hui ça va me faire du bien », tu disais « je vais faire ressortir ma goddess intérieure parce que je m'aime ». Le message le plus important de cet ouvrage c'est de te faire comprendre que pour te sentir épanouie tu as besoin de prendre soin de ton toi intérieur, et que certes, il y a des choses que tu ne vois pas avec les yeux, mais qui sont en toi, et qui sont capitales. On le sait, l'essentiel n'est pas visible à l'œil, mais il est en toi. Des énergies pivotent autour de toi constamment. Et il n'y a rien de plus beau que ces énergies qui font battre plus vite le cœur, trembler les jambes, et forment une intuition.

Qu'est-ce que le self-care pour toi ? Écris TA définition de prendre soin de soi.

Quelles sont les choses que tu mets en place pour prendre soin de toi ? Liste ici les choses que tu fais, tels que tes petits rituels quotidiens.

Est-ce que tu as l'impression de devoir répéter ces choses souvent ?

Est-ce que tu sens un mal-être qui revient régulièrement dans ta vie ?

Après avoir répondu à ces questions, peu importe tes réponses, il n'y a pas de bonne ou de mauvaise réponse, profite de la page suivante pour écrire une lettre dans laquelle tu parleras de tes peurs, de tes blocages dans la vie, tout ce que tu ressens de « négatif » au fond de toi. À ton avis quelles sont les choses qui te font le plus peur et qui t'empêchent de lâcher prise ? Voici ma lettre pour t'encourager à écrire la tienne.

Chère Amal,

Je t'écris, car j'ai envie de parler de ta plus grande peur. La peur de l'échec. Tu as toujours peur que ce ne soit pas parfait, tu as peur de faire face à des « échecs », tu détestes cette sensation de « j'aurais pu mieux faire ». Tu traînes avec toi, depuis toujours, ce besoin d'être excellente dans ce que tu fais. Enfant, une peur te taraudait constamment : rater tes devoirs ou des petites interros à l'école, comme si ton corps ne le supporterait pas. C'était déjà si lourd pour tes petites épaules, si lourd pour une jeune fille. Cette peur de l'échec semblait anodine, tes parents se disaient que tu aimais juste réussir. Pourtant, ça a engendré tellement de choses chez l'adulte que tu es. C'est logique finalement : tu as peur de l'échec, et par conséquent tu fais en sorte de toujours tout contrôler pour que ça se passe exactement comme tu le veux. Mais ça a des conséquences : une déconnexion de l'émotionnel, une vie vécue à 90 % dans le mental, un contrôle de ces 10 % d'émotions comme si tu contrôlais une to-do list, un manque de confiance en toi, dans les autres, une éternelle insatisfaction, une peur constante. C'est seulement à 25 ans que tu as compris que tout faire parfaitement n'était pas possible et tant mieux, car la perfection est ennuyeuse. Tu l'as compris Amal : l'échec n'existe pas. Il existe des situations qui te semblent horribles sur le moment et un an après c'est la meilleure chose de ta vie. J'ai envie que tu retiennes cette leçon : contrôler et maîtriser sont deux choses différentes. Tu peux maîtriser une situation, mais pas la contrôler, et il y a des choses à maîtriser et d'autres pas. Amal, garde cet état d'esprit tout le temps, ne laisse pas tes peurs te bloquer, sinon tu vas passer à côté de choses magiques par peur de les foirer, alors que foirer n'existe pas. Il n'y a qu'une humaine avec ses points forts et faibles, une humaine avec des peurs qui deviennent des pensées limitantes et qui l'empêchent d'être celle qu'elle est vraiment. Tu as besoin de ça Amal : saute dans le vide.

Chère ....

Je ne sais pas comment tu te sens après cette lettre, peut-être bouleversée, mais aussi extrêmement courageuse. Tu viens de te libérer de tout ce que tu avais au fond de toi, ces choses qui t'empêchent de voler, un peu comme une énorme force qui te retient au sol, tu as cette envie brûlante en toi de voler, de te sentir libre et épanouie, mais tu n'arrives pas à décoller, comme un avion qui revient sans cesse sur la piste de décollage, pourquoi ? À cause de ces peurs, ces pensées limitantes.

Les pensées limitantes sont des pensées qui viennent d'une petite voix intérieure qui t'empêche de faire ce que tu as vraiment envie de faire. C'est ton ego. L'ego est une des parties les plus sombres de l'humain, il t'empêche de faire beaucoup de choses et notamment il te coupe de tes émotions. Travailler son ego pour apprendre à le faire taire est extrêmement important. La couleur de l'ego est le rouge.

On va parler plus en détail tout au long du livre de ces pensées limitantes, de cette petite voix qui t'empêche tout le temps de prendre ton envol, mais pas seulement. Il y a la peur. La peur te fait fuir, t'empêche de respirer pleinement et d'être la vraie toi. Elle t'étouffe à ne plus savoir respirer, la peur c'est le frein de l'humain, le vrai humain avec ses émotions et son intelligence émotionnelle. Mais que faire de la peur ? L'admettre. Comme tu viens de le faire avec cette lettre que tu as écrite pour toi, tu as décidé de lister tes peurs, de les affronter. Et ça c'est formidable, même si ce n'est pas UNE seule lettre qui va totalement te changer, comme je dis très souvent : la prise de conscience est la plus grosse partie du travail.

J'ai quelques questions pour toi :

Quelle est ta plus grande peur ?

Depuis combien de temps elle cohabite avec toi ?

Qui ou quels événements ont créé cette peur en toi ?

De quelle couleur est ta plus grande peur ?

Comment l'imagines-tu ?

Quel serait le mot à l'opposé de ta peur ?

Une fois que tu auras répondu à ces questions par écrit, regarde-toi dans le miroir et lis les questions et les réponses que tu as mises, tout en te regardant. N'oublie jamais : tu es terriblement forte.

« TES CROYANCES
LIMITANTES, TES PEURS
PROFONDES N'ONT
PAS BESOIN
DE DISPARAÎTRE
MAIS DE S'ALLIER
À TA PUISSANCE. »

Chapitre 2

LE VRAI SELF-CARE

Ce que tu viens de faire en travaillant sur tes peurs t'a permis de découvrir ta plus grande peur, une étape du self-care. Tu as admis des choses importantes, et cette peur est maintenant conscientisée en toi, tu ne pourras pas la cacher, tu connais son nom, sa forme, sa couleur. Elle est là. Elle mérite d'être travaillée, elle ne disparaîtra jamais, mais elle sera sous le contrôle de ton âme. Tu n'as pas besoin d'avoir peur. Plus tu connais ta valeur, moins tu as peur, car tu sais que la peur c'est pour les personnes qui doutent d'elles. Les personnes qui ont confiance en elles, et surtout qui SE font confiance, n'ont pas peur. Avouer leurs sentiments à la personne qu'elles aiment ? Même pas peur, pourquoi ? Parce qu'elles savent pertinemment que même si la personne ne ressent pas la même chose qu'elles ce n'est pas grave, c'est l'Univers (le libre arbitre), et elles trouveront leur partenaire de vie. Elles n'ont pas peur de ne pas être prises à un boulot, car soit elles sont certaines qu'elles ont, soit elles savent qu'il y a mieux pour elles.

L'Univers (ou Dieu pour celles qui souhaitent le nommer ainsi, libre choix) a toujours trois réponses pour toi :

1. OUI.
2. PAS MAINTENANT, TU N'ES PAS PRÊTE.
3. J'AI MIEUX POUR TOI.

Lorsque tu comprends ces trois réponses, tu ne vis plus dans la peur de perdre, tu es toujours gagnante : soit tu as ce que tu souhaites, soit pas tout de suite, soit il y a mieux. Et ça, c'est une étape extrêmement importante qui va t'aider à accepter et aimer la vie. Mais surtout, ne plus ressentir cette peur c'est une des clés de l'épanouissement personnel. C'est tellement satisfaisant de ne plus ressentir cette peur perpétuelle à laquelle les êtres humains se sont habitués. La société nous a formatés à avoir peur : peur de perdre, peur de dire « je t'aime », peur de laisser, peur de tout. La peur est l'émotion la plus basse énergétiquement, c'est celle qui vient faire descendre ta vibration de façon extrêmement puissante.

LE MOMENT DÉFINITION D'AMAL

La vibration c'est ce que tu dégages, elle est invisible à l'œil nu. On parle du « taux vibratoire énergétique ». Plus ton taux vibratoire est élevé plus tu pourras ramener dans ta réalité ce que tu souhaites, et plus tu vas attirer des personnes qui ont le même taux vibratoire que toi. C'est vraiment pour moi le résultat de ton énergie et de ton alignement. En cessant de dépenser ton énergie pour les autres personnes/choses qui ne la « méritent » pas, tu mets ton énergie là où elle doit être. Ainsi, ta vibration sera plus haute. Selon moi, il y a deux sortes de vibrations : celle qui se trouve au fond de toi et celle du moment. Tu as le droit de laisser descendre ta vibration « du moment », sans que celle qui se trouve au fond de toi ne chute. Tu as le droit de tout ressentir. Le taux vibratoire est un mode de vie.

Tu es au deuxième chapitre de ce livre, tu te dis : « Ok depuis le début j'ai travaillé sur mes peurs, je commence à comprendre ce qu'est ma vibration », pas après pas, tu avances. Mais tu ne comprends pas pourquoi ce chapitre s'appelle « le vrai self-care ». Parce que c'est ça le self-care, c'est prendre soin de ton corps énergétique, pas uniquement de ton corps physique. On t'apprend à te chouchouter physiquement pour te sentir mieux, mais tu ne cesses de constater que c'est passager. Parce que ton corps énergétique, lui, souffre encore, il n'est pas écouté, tout comme ton enfant intérieur (on développera ce sujet dans les prochains chapitres).

On va aborder ici ce qui, selon moi, est une des bases du self-care : travailler ta/tes blessures internes, tes blessures de l'âme. Lise Bourbeau a développé les 5 blessures de l'âme qui sont capitales et que je rejoins car elles permettent une évolution réelle de notre âme. Si on traîne une ou plusieurs de ces blessures, on stagne, on reste dans le confort de notre blessure, on essaie de la rassurer.

On vit tous avec des blessures de l'âme. Personnellement j'ai énormément fait face à la blessure de trahison. J'étais née pour contrôler, contrôler ma vie dans le moindre détail, contrôler tout ce qui m'entourait, j'avais besoin de ne jamais perdre pied. Je vivais totalement à côté de mes émotions, sans le savoir j'étais prisonnière de cette blessure. Je vais même aller plus loin : j'étais clairement une personne toxique. Sur les réseaux sociaux, dans les livres, on entend beaucoup parler des relations toxiques, des personnes toxiques, mais nous n'avons jamais le point de vue de celles-ci. Jamais. Et c'est extrêmement important que je vous le dise, je ne souhaite pas vous faire croire que je suis née dans un éveil spirituel et un alignement énergétique. Pas du tout, j'ai même eu honte de qui j'étais. Donc, sachez que moi aussi, j'ai dû faire face à mes blessures, j'ai dû m'en défaire, j'ai dû apprendre à être complètement saine et c'est tout une évolution. Je le répète : ce livre est la transmission de ce qui m'a sauvé de mon ego, de mes peurs, mes blocages, mes pensées limitantes. Chaque leçon que la vie m'a donnée (jusqu'à présent) est ici.

On va maintenant plonger émotionnellement dans un sujet extrêmement important : les 5 blessures de l'âme. Les blessures présentées par Lise Bourbeau et qui ont permis aux personnes de se comprendre, de travailler sur soi, de réaliser certaines choses. Découvrir (et conscientiser) ne serait-ce qu'une blessure, c'est exactement la même sensation que de rentrer dans la douche et d'être surprise par l'eau froide dans le dos, ça surprend, c'est désagréable, mais **ça réveille.**

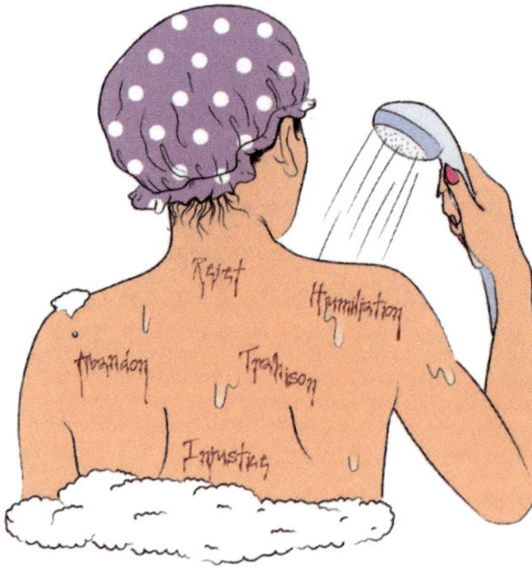

LES BLESSURES DE L'ÂME SELON LISE BOURBEAU

BLESSURE DE L'ABANDON	Le mot-clé ici selon moi c'est la dépendance affective. C'est une personne qui sans l'autre a l'impression de ne pas pouvoir avancer. Tout repose sur l'autre. Elle a tellement peur de se faire abandonner ou quitter qu'elle décide de s'accrocher de toutes ses forces.
BLESSURE DE LA TRAHISON	La personne n'a pas intégré la confiance dans son schéma de construction. Elle ne fait pas confiance aux autres. Dans ses relations, elle attend une chose pour te sentir vivante : de la fusion. Une fusion qui mène souvent à une relation toxique, car il y a beaucoup d'attente envers l'autre et la personne fait tout pour le contrôler. Mot- clé : le contrôle. Toi, les autres, les émotions.
BLESSURE DE L'INJUSTICE	La personne a constamment besoin d'être meilleure, ce n'est jamais suffisant. Elle est totalement coupée de la loi de l'abondance (#moneygang), elle cherche toujours à justifier et à mériter tout ce qui lui arrive dans la vie.
BLESSURE DE L'HUMILIATION	Le mot-clé ici, c'est la honte. Manque de confiance en soi, la personne souffrant de la blessure de l'humiliation est une personne qui se sent constamment ridicule.
BLESSURE DU REJET	Tu ne te sens jamais à ta place. Tu penses constamment que tout le monde te rejette.

Pour aller plus loin dans la lecture et découverte de ces blessures, je te conseille le fameux best-seller de Lise Bourbeau *Les 5 blessures qui empêchent d'être soi-même.*

DANS QUELLES BLESSURES TE RECONNAIS-TU ?

Voici, selon moi, les mots que tu as besoin d'entendre pour panser chaque blessure.

BLESSURE DE L'ABANDON	Tu as une dépendance affective, tu as peur de la solitude, tu as tendance à te mettre en avant dans un groupe, tu manques d'autonomie, tu as besoin de l'avis des autres. Tu es la personne la plus importante de ta vie, non, on ne pourra pas te remplacer. Arrête de te demander pourquoi cette personne ou ces personnes t'ont choisi toi, arrête de croire que tu n'es pas à la hauteur et que tu DOIS te raccrocher aux autres pour vivre.
BLESSURE DE LA TRAHISON	Tu as une forte personnalité, tu cherches à être spéciale, tu aimes contrôler les autres, tu détestes le mensonge mais mens souvent, tu imposes ton point de vue. Non, tu ne pourras pas tout contrôler. Tu dois remplacer le mot « contrôler » par « maîtriser ». Arrête de croire que si tu ne contrôles pas, ça va mal se passer. Maîtrise une situation qui le nécessite, mais pour tout ce qui est de l'émotionnel : laisse faire. C'est trop beau pour que quelqu'un contrôle.
BLESSURE DE L'INJUSTICE	Tu admets rarement avoir des problèmes, tu es perfectionniste, tu es à tendance optimiste, tu es très exigeante face à toi-même, tu ne respectes pas tes limites. La vie est faite de surprises et de cadeaux. Accepte les cadeaux de la vie. Ne te laisse pas bouffer par le syndrome de l'imposteur continuellement. Accepte la folie de la vie.
BLESSURE DE L'HUMILIATION	Tu mets en priorité les autres, tu te réfugies dans la nourriture, tu as le visage rond, la voix douce, tu es très serviable. Tu te mets dans des situations gênantes pour attirer l'attention, tu es dégoûtée de toi-même. Non, tu n'as pas à avoir honte de ce que tu es, de qui tu es. Tu as le droit de montrer au monde ta personnalité, tes passions. Non, personne ne te juge, et même si quelqu'un le fait, cette personne renvoie ses propres peurs sur TOI. Détache-toi de cette foutue peur de ce que les autres vont penser.
BLESSURE DU REJET	Tu es sensible aux remarques, t'isoles, te considères comme nulle et sans valeur, tu doutes de ton droit à l'amour, tu trouves de nombreux moyens de fuite. Oui, crois-moi, les gens t'aiment et ils aiment te savoir près d'eux. Tu es à ta place, profite des moments de la vie, des conversations avec les gens autour de toi sans croire constamment qu'on ne veut pas de toi. Tu as de la valeur.

FEUILLE DE BORD POUR TRAVAILLER SA BLESSURE :

Quel est le nom de ta blessure la plus dominante ?

Depuis combien de temps est-elle là selon toi ?

Qui a déclenché cette blessure selon toi ?

Qu'est-ce qu'elle t'empêche de faire ?

Honnêtement, comment te sens-tu ? Je suppose mal et bien en même temps, c'est vraiment ça **le self-care**. Au début, lorsque tu veux vivre passionnément ce self-care continu et pas passager, il fait mal, mais le lendemain, tu ressens un sentiment de liberté, d'épanouissement et de prise de conscience, c'est cela qui t'aide à te dire : « **Ok, ça m'a vraiment fait du bien**, j'ai assumé des choses que je cachais au fond de moi, dans mes tripes, dans les profondeurs de qui je suis ». Si je t'ai proposé de faire face à tes blessures dès le début du livre c'est pour te pousser à le lire de façon consciente.

PARLONS DE LA CONSCIENCE

Tu as sûrement déjà entendu les gens dire « non, mais je le fais de façon inconsciente » ou « oui, j'en suis consciente », mais tu n'as peut-être jamais donné leur juste valeur à ces mots : conscience et inconscience. C'est extrêmement important que ça change et que tu saches que la vraie vie, c'est lorsque tu décides de vivre en conscience. Vivre en conscience c'est selon moi : prendre le temps, ressentir, vivre les choses.

Vivre de façon consciente tes blessures, c'est ce que tu viens de faire, tu connais leurs noms, tu te reconnais en elles, tu comprends mieux certains de tes traits, tu comprends tellement de choses maintenant que tu visualises cette ou ces blessures. Pour Lise Bourbeau, elles sont déclenchées à un certain âge et par un certain parent (même sexe ou sexe opposé). Personnellement je n'adhère pas à cette théorie, car selon moi n'importe qui peut la déclencher et l'âge peut varier. Mais le plus important est de conscientiser cette ou ces blessures et de la reconnaître. À partir de maintenant quand tu vis un comportement qui n'est que le résultat de ta blessure, remarque-le, rentre chez toi, pose-toi tranquillement et demande-toi : « Pourquoi ? ». Analyse la situation en profondeur et essaie de réagir différemment, avec ton âme et pas avec ton ego blessé.

Quelques exemples pour vivre en conscience

Manger sans des supports tels que la télévision et/ou le téléphone, savourer sa nourriture, manger lentement et remercier (Dieu ou l'Univers) pour la nourriture avant de la manger.

★

Se masturber et/ou faire l'amour en conscience (il y aura un chapitre dédié à ce sujet, bien évidemment).

★

Se balader lentement, ressentir le vent sur son visage, observer les feuilles des arbres.

★

Prendre le temps de se concentrer sur sa respiration. Par exemple, inspirer et expirer profondément trois fois au moins une fois pendant la journée.

★

Se recentrer sur son corps. Ne pas vivre « à côté » mais DANS son corps.

★

Lorsque tu réagis d'une manière résultant de ta/tes blessures ne t'engueule pas, ne te rabaisse pas, tu es quand même l'amour de ta vie alors parle-toi avec respect : analyse ce comportement. N'oublie pas que ta goddess intérieure ne se méprise pas, au contraire, elle tire une leçon de tout.

J'ai vraiment envie que tu puisses faire l'expérience sur ta peau de ce fameux self-care. Le self-care de ta goddess intérieure. Celui dont elle a vraiment besoin. Celui qui n'est pas passager, qui n'est pas un plaisir de cinq minutes ou une heure, non, celui qui fait mal, mais qui tout doucement te permettre d'être toi-même. Tu commences à comprendre ce qu'est le vrai self-care ?

Tu as le droit de te demander pourquoi tu es en train de réfléchir à tes blessures et peut-être de faire un bilan de ta vie. Car après avoir fait ce genre de travail, ce qu'on appelle notamment le **shadow work** en anglais, des résultats vont rapidement apparaître. Après tu peux toujours garder tes habitudes comme de manger un plat qui te fait plaisir ou prendre un bain, ce ne sont pas des choses à bannir si ça te fait du bien. Mais ce n'est pas réellement du self-care comme on essaie de nous le faire croire, c'est du camouflage, tout stocker au fond de soi, comme des toilettes complètement bouchées, ça s'accumule, mais un jour ça explose. Ensemble, le but est de changer les toilettes et de les déboucher avant que ce soit la catastrophe. Je suis le plombier qu'il te fallait.

LE MOMENT DÉFINITION D'AMAL

Le shadow work se traduit en français par « le travail des ombres ». C'est le travail que tu vas faire pour dévoiler tes parts d'ombre, assumer ce qui t'a blessée, traumatisée et/ou bloquée. Ce sont les parties enfouies en toi. Tu ne vas pas les faire disparaître, tu vas travailler dessus pour apprendre à les connaître elles et leur histoire. Oui, tes blessures ont une histoire et tu as le devoir de la connaître, car vous êtes reliées. Tes blessures ne vont pas s'effacer comme par magie, ça c'est ce qu'on essaie de faire toute notre vie, les étouffer, jusqu'à se sentir vidée, anesthésiée émotionnellement. Ici, dans ce livre, le but est de les maîtriser, de les guérir. Une blessure se guérit, mais elle ne s'efface pas et tant mieux, car chaque bout de toi est magique. Même ta part d'ombre fait partie de toi. La dissimuler ne sert à rien. Tu vas faire ce que j'appelle « transmuter ces parties ». Accueillir tes parts d'ombre te permettra de mettre encore plus en avant tes parts de lumière. La vraie TOI.

Tu dois comprendre comment utiliser ces différents actes, sache que **l'intention** que tu mets dans les choses que tu fais et/ou dis c'est ça le plus important. Si tu souhaites prendre un bain parce que cela va te détendre c'est différent de lorsque tu le fais pour te guérir, et que tu crois profondément que ça va te déstresser. Il vaut mieux affronter cette anxiété, chercher d'où elle vient, se faire suivre ou tenir un journal d'écriture libre pour la laisser partir.

LE MOMENT DÉFINITION D'AMAL

L'intention : c'est ce que tu viens poser avant de faire quoi que ce soit. Par exemple si tu décides d'écrire une lettre de colère tu dois poser une intention bénéfique pour toi : « J'écris une lettre de colère pour me libérer de cette douleur ». Si tu envoies un message « risqué » à une personne, ne le vois pas comme dangereux, mais comme libérateur : « J'écris à cette personne avec l'intention de libérer les blocages entre nous » ; et même quand tu manges : « Je mange pour être dans un corps sain ».

LE PERFECTIONNISME
EST UN SYSTÈME
DE CROYANCE
AUTODESTRUCTEUR
ET ADDICTIF.

Chapitre 3

L'ÉNERGIE DES ÉMOTIONS

Tu viens de travailler sur tes blessures, les rencontrer peut-être pour la première ou dixième fois, mais en tout cas tu viens de faire quelque chose d'extraordinaire, n'oublie pas de remercier ces blessures, n'oublie pas qu'elles sont là tout simplement, car elles souhaitent te protéger. Je t'invite à écrire une lettre (ci-dessous) pour apprendre tout doucement à laisser aller une ou plusieurs de tes blessures. Commence la lettre en remerciant tes blessures de t'avoir protégée et ensuite dis-moi comment tu imagines ta vie sans cette ou ces blessures. Termine la lettre en leur disant au revoir.

Comment imagines-tu ta vie sans cette ou ces blessures ?

J'aimerais que tu te mettes debout dans un couloir ou ta chambre et que tu avances vers l'autre bout de la pièce en te disant : « Je vais vers mon futur et je laisse derrière moi ce qui ne m'appartient pas ». J'aimerais que tu puisses visualiser un chemin vers l'avant. Tu as besoin de visualiser ce chemin plusieurs fois dans la journée ou la semaine pour tout doucement apprendre à te détacher du passé, à laisser place au futur. N'oublie pas que la ligne du temps est créée pour mettre les humains dans un cadre qu'ils comprennent, mais en réalité tu peux aller où tu veux, quand tu veux, si tu utilises la technique de manifestation telle que la visualisation (pour celles qui ne comprennent pas, *no stress* tout est expliqué au chapitre suivant). Avec cette technique, tu vas vers le futur, donc c'est toi qui choisis où te placer sur la ligne du temps. Tu ne seras sans doute pas étonnée de savoir que les humains choisissent souvent le passé.

Tu penses peut-être que ces pas de géant que tu es en train de faire au fur et à mesure de la lecture de ce livre vont te pousser vers le bonheur. Je ne parle jamais de bonheur, comme si c'était un luxe ou LA chose à laquelle on aspire tous. On a besoin de tellement de choses avant le bonheur. Le bonheur, selon moi, est un résultat, une émotion passagère qui revient, alors que la connexion à soi, l'épanouissement, l'alignement, le pardon, l'amour, ça ce sont des choses qui doivent s'ancrer en toi. Il est impossible d'être pleinement heureuse si tu ne travailles pas tes parties d'ombre avec le shadow work (n'hésite pas à relire à la définition page 32).

Le bonheur n'est pas un état d'esprit à rechercher, c'est l'épanouissement qu'il faut rechercher. Parce que l'épanouissement c'est sur le long terme, même dans les moments « bad » tu seras épanouie ou en tout cas tu sauras comment retrouver ton épanouissement. Tu affronteras les problèmes d'un autre œil, celui de **ta goddess intérieure**, ce n'est pas parce que tu es dans la spiritualité et/ou dans le développement personnel que tu n'as plus le droit d'être mal, de te remettre en question, de pleurer, au contraire tu le feras de manière *consciente*.

TRUCS ET VIBRATIONS

C'est le moment où je vais sans doute ébranler des croyances ancrées en toi depuis vingt ou trente ans, voire plus. Je ne condamne pas ces croyances que la société véhicule constamment, parce que le jour où on les déconstruit on se sent puissante d'avoir instauré notre propre réalité. La vie n'aurait pas la même saveur sans ces découvertes.

Les émotions c'est cette vague invisible à l'œil nu qu'on connaît tous, qu'on essaie tous de décrire, qu'on recherche tous, car sans émotions il ne se passe rien. Lorsque tu rencontres un.e partenaire qui ne te plaît pas tu dis probablement « il n'y a pas le truc », ou si tu parles des études et/ou du métier qui te passionne tu dis « ça me fait vibrer ». Tous ces trucs et ces vibrations sont en fait les émotions. J'adore les définir ainsi, ça leur va tellement bien et je suis certaine qu'on se comprend. Comment fait-on pour vraiment vivre ses émotions ? De quoi s'agit-il ? Le mot « émotions » surtout en anglais (*emotion*) signifie **l'énergie en mouvement**. On passe énormément de temps dans notre vie à bloquer cette énergie qui souhaite une seule chose : **bouger en nous**. Elle a envie de te faire ressentir des choses constamment, et puis partir pour laisser la place à autre chose.

Les émotions sont neutres. On passe toute notre vie à se dire qu'il existe des émotions positives ou négatives, en fait pas du tout. On passe toute notre vie à rechercher un conflit entre notre raison et notre cœur. Pas du tout. Le cœur et la raison sont deux alliés, ils se complètent, ils ne souhaitent pas se battre l'un contre l'autre. On passe toute notre vie à croire que l'intelligence est le contraire de l'émotionnel, on vient se créer des conflits qu'on pourrait éviter si on se disait qu'on a besoin du mix des deux pour avancer et vivre les moments de vie profondément et intensément.

On passe toute notre vie à croire que sensible est le contraire de forte, on passe chaque minute que la vie crée à se demander si pleurer est le contraire de sourire. C'est faux. Tu ressens des émotions, et elles n'ont pas besoin d'être divisées en catégories, comme si on distinguait les légumes et les fruits, elles ont besoin d'être vécues. Il est inutile de parler d'« émotions négatives » ou d'« émotions positives ». L'amour est considéré comme une émotion positive dans la société ? Pourtant beaucoup de personnes souffrent de l'amour. L'angoisse et le stress sont considérés comme négatifs, pourtant parfois cette boule au ventre est la plus belle émotion de ta vie, comme le jour de l'ouverture de ton entreprise ou la signature de ton contrat. Sourire est considéré comme quelque chose de positif, et pourtant on sourit tous à des personnes alors même qu'on était encore occupée quelques heures plus tôt à étouffer ses larmes dans un coussin, à ressentir la chaleur de nos larmes passer sur nos joues, à avoir une seule envie : crier tellement fort pour faire sortir sa douleur. Mais on sourit devant les autres pour ne pas devoir expliquer tout ça, et l'humain a même réussi à catégoriser les pleurs « pleurer de joie » ou « pleurer de tristesse » ; pourquoi avons-nous ce besoin de tout rationaliser, bloquer les émotions dans deux colonnes différentes et dénaturer complètement notre vraie essence.

Si tu commençais juste à vivre ces émotions, si tu commençais par ne plus dire à ton entourage « oh arrête de pleurer », mais plutôt « vas-y pleure ». Lorsque tu pleures et qu'une de tes amies te prend dans ses bras tu as encore plus envie de pleurer. C'est simple : tu es dans ton état brut, son énergie te touche, tu ouvres ton cœur donc lorsqu'elle te prend dans ses bras, ton cœur ressent son cœur, laisse-toi te faire laver par tes larmes, c'est une bénédiction. J'ai envie que tu profites de tes rires à 100 %, mais que tu profites aussi de tes larmes, et des larmes des autres. J'ai envie que tu ne laisses pas tes émotions bloquées dans ton inconscient, mais que tu les transmutes dans ton conscient et que tu les vives, la vie est beaucoup trop courte pour avoir peur de ressentir ces choses.

Élodie,
fondatrice des méthodes FLOWNERGY et Bloom Dance

Je m'appelle Élodie Leclercq et je suis coach, auteure, formatrice et fondatrice des méthodes FLOWNERGY et Bloom Dance. Je suis une grande optimiste, une éternelle aventurière et surtout une grande amoureuse de la vie ! J'ai enseigné pendant sept ans à l'école primaire avant de rencontrer de gros problèmes de santé qui ont transformé ma vie et qui m'ont invitée à me reconnecter à mon âme. Cette phase de ma vie m'a permis de guérir, de me découvrir, d'apprendre à m'aimer et à m'accepter et surtout à me reconnecter avec ce qui me fait le plus vibrer ; la danse. À travers mon propre parcours, j'ai eu l'envie d'accompagner à mon tour les autres sur ce merveilleux chemin de l'exploration de soi grâce à une approche holistique. J'ai d'abord entamé un projet en nutrition puis en développement personnel, avant de plonger à nouveau dans le monde fabuleux de la danse et du mouvement.

Aujourd'hui, nous sommes coincés dans notre tête. La plupart des personnes sont déconnectées de leur corps, de leurs ressentis, des émotions qui les traversent au quotidien. Nous oublions que dans le ventre de notre mère, nous n'étions que sensations et que notre corps et nos cellules étaient notre seul et unique mémoire. Nous oublions trop souvent que nous sommes composés d'énergies et celles-ci ont profondément besoin d'être mises en mouvement, de circuler pour se sentir bien.

En me formant à des méthodes énergétiques de libération émotionnelle, j'ai découvert un monde passionnant. La danse s'est réinvitée dans ma vie et j'ai expérimenté – un mieux-être incroyable en pratiquant moi-même le mouvement au quotidien. C'était magique ! C'est suite à cela que j'ai créé – les méthodes FLOWNERGY et Bloom Dance.

FLOWNERGY est une méthode de libération émotionnelle par le mouvement, mais pas que ! Elle permet de libérer les émotions, les tensions, de faire circuler l'énergie et de se reconnecter à soi. Elle allie des postures, des mouvements, de la mobilité, de la visualisation, de la danse et du yoga. C'est une méthode de reconnexion profonde à soi, aux autres, à son corps et à l'amour.

BLOOM DANCE est une méthode de danse libre et intuitive autour des 4 éléments. C'est un réel soin énergétique libérateur et créatif ! Une invitation à laisser le corps reprendre son espace, ressentir et respirer à nouveau.

Ma philosophie : lâcher le contrôle et la recherche d'esthétisme pour laisser faire le corps, il sait. Nous avons réellement besoin de nous reconnecter à nous-mêmes, à notre corps, à nos sensations. Le mouvement est une voie absolument fabuleuse pour cela !

*Instagram : flownergy_ & elodieleclercq_*

LE PARDON

Le pardon. J'écris ces mots en ayant fait un long parcours du combattant pour me pardonner. Je vais vous raconter un bout de mon histoire. J'ai souffert de plusieurs blessures de l'âme en commençant par celle de trahison puis celle du rejet et de l'humiliation. En moyenne on a 2/3 blessures de l'âme par personne. J'ai énormément souffert de l'enfant que j'étais, une jeune enfant racisée en Italie au milieu de tous ces enfants qui se ressemblaient, j'ai toujours été l'ovni, et ce rôle-là aujourd'hui est magique : réfléchir autrement, voir la vie différemment me permet d'accompagner des centaines de femmes en coaching pour leur transmettre des messages quotidiennement. Mais un enfant ovni c'est pas cool. Pas du tout, c'est même rabat-joie et ringard. C'est nul. Les parents nous apprennent beaucoup de choses : parler, manger, boire, marcher et courir. Généralement les parents s'émerveillent des premiers pas de leur enfant, du premier quatre pattes. Mais très peu de parents montrent à leur enfant comment s'aimer soi-même et comment aimer les autres. J'ai grandi dans une magnifique famille, mais comme beaucoup de famille nord-africaine on m'a aimée mais on ne m'a pas appris à aimer et à m'aimer, par pudeur. On a oublié de m'apprendre à être remplie de gratitude pour la vie, j'ai été pendant longtemps une personne qui avait besoin de tout contrôler. Et j'ai décidé de remercier la vie pour ce que j'ai, c'est déjà énorme. On a oublié de m'apprendre beaucoup de choses, mais je les ai appris au cours de ma vie. Eh oui, je ne savais pas aimer. Absolument pas. J'aimais de façon intense, mais toxique. Oui, j'ai utilisé le mot toxique. On le voit partout, et heureusement. J'étais une personne toxique. On lit souvent des articles, des posts Instagram sur « comment sortir d'une relation toxique », mais on se demande souvent où sont ces personnes toxiques finalement. Parce que si des personnes se retrouvent dans ces relations c'est bien qu'il existe sur Terre des personnes toxiques. Et j'en étais une. Je l'ai compris en perdant une amie à moi que j'aimais très fort. Et j'ai commencé à me remettre en question, jour et nuit. J'ai eu le déclic. Je ne savais pas aimer les gens, car on ne m'avait pas appris à le faire, mes émotions étaient étouffées dans un voile de pudeur tissé par ma culture. Après avoir travaillé sur moi, j'ai eu honte. J'ai réalisé qui j'avais été pendant tout ce temps. La vie que j'avais menée à travers mon ego.

LE MOMENT DÉFINITION D'AMAL

L'ego souvent est différencié par une définition en psychologie clinique et une dans le domaine spirituel. Je vais vous présenter celle de la spiritualité et du développement personnel. L'ego est la fausse représentation qu'on se fait de nous-mêmes. C'est une illusion. On fait des choses qu'on n'a pas vraiment envie de faire. Ce sont les yeux qu'on utilise pour vivre et voir les événements. Nous sommes un tout composé de plusieurs parties. Des parties d'ombre et de lumière. L'ego dit « je » alors que l'âme dit « nous » pour toutes les parties qui viennent composer ce que nous sommes. L'ego est une sorte de douleur qui traîne en nous, c'est le royaume de la douleur. C'est une partie douloureuse, comme un bleu. Lorsqu'on appuie dessus ça fait mal. L'ego vous protège, ne veut pas que vous viviez des expériences traumatisantes. Il est constitué de pensées et les pensées sont constituées de mémoire. L'ego vit énormément dans le passé. Il est conditionné par la peur (je rappelle que la peur est l'émotion avec le taux vibratoire le plus bas). L'ego c'est un masque qui nous empêche de nous montrer vulnérables. Par exemple, moi, ayant subi du harcèlement, j'ai créé une carapace dans mon ego, et je l'ai gardé dans ma vie d'adulte alors que personne ne me harcelait. Le but n'est pas de « tuer » l'ego, mais de régler ses problèmes, ses blessures.

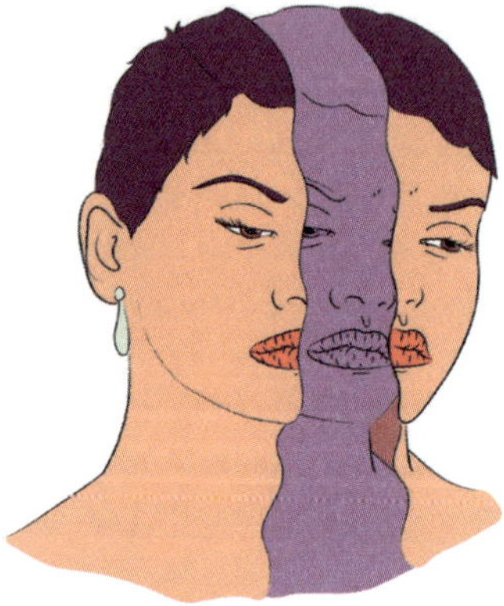

Faisons le point sur toutes ces informations que tu absorbes : tu sais que nos peurs et nos blessures nous protègent *via* l'ego. Elles font en sorte de ne pas revivre des schémas traumatisants, mais généralement l'histoire se répète, et se répète encore tant qu'on n'a pas réussi à canaliser ce fameux ego. Tu es à une étape du livre où tu as identifié tes blessures de l'âme, tu as débuté le travail de guérison de l'âme (qui est le travail d'une vie), mais tu les as déjà conscientisées et pour ça tu es forte et magique. Tes blessures de l'âme te renvoient vers des émotions que, maintenant, tu vas laisser circuler en toi, même plus peur ! Tu connais ton ego, qui pour moi est l'opposé de ton âme, ta goddess intérieure. N'oublie pas que lorsqu'on travaille sur soi le but est la guérison ultime, et une des clés est la guérison de l'esprit, car il n'existe pas uniquement une guérison physique. Je te rappelle que tu as deux corps : ton corps physique et ton corps énergétique. Il y a tellement de choses qui nous bloquent dans notre conscience. Il faut sortir de notre ego, de nos blessures, de notre inconscience. On a besoin d'une reconnexion à notre vraie nous, nous découvrir, nous apprécier.

Plus haut, je t'ai parlé de la période de ma vie où j'étais une personne toxique avec moi- même et avec les autres. Mais une fois que j'ai cherché au fond de moi ce que j'avais envie de transformer, développer et faire grandir, j'ai eu honte. Honte de moi, de l'ancienne moi. Je me souviens du jour où j'ai ressenti cette honte comme une gifle, je repensais à des moments de vie et je me disais : « Tu as fait de la merde. J'avais envie de me cacher six pieds sous terre, j'ai téléphoné à une amie/coach pour parler de ce sentiment de honte, elle m'a donné un exemple frappant, elle m'a dit : « Amal, comment peux-tu juger tes actes du passé avec le regard de celle que tu es aujourd'hui. Tu te rends compte, c'est comme si tu avais les réponses des mots croisés devant tes yeux et que tu hurlais sur une personne qui essaie de compléter les réponses, c'est facile pour toi : tu as les réponses ». Cette phrase m'a tellement aidée, je me la répétais à chaque fois que cette honte revenait, je ne voulais pas la cacher, je voulais la hurler, la ressentir, la vivre. Je l'ai laissé prendre son chemin, retourner dans le passé. Pour chaque émotion il existe des façons de la laisser circuler. En effet, pendant ces années, mois, semaines, jours, et même secondes, j'ai investi dans mon développement, j'ai étudié la perception des émotions dans notre société et j'ai établi une liste qui m'a permis de vivre complètement mes émotions et de les laisser bouger.

Comment laisser circuler les émotions ?

De façon libre, selon ton intuition.

★

En faisant appel à une autre émotion,
une émotion que j'appelle « circulante »
(par exemple, pour la honte et la colère, selon le cas,
on fait appel au pardon, qui va permettre
à la honte de circuler et s'en aller).

★

En l'imaginant circuler en nous,
dans chaque petite cellule et en la laissant prendre
sa place, comme une énergie forte qui nous transperce.

★

Grâce au yoga et à la méditation avec
une intention de laisser circuler l'émotion.

★

Avec le journaling : écrire, dessiner
cette émotion et dire dans les détails tout
ce qu'elle provoque en nous.

Après avoir fait face à la personne que j'étais, j'ai fait l'expérience de la honte de soi, je me demandais comment j'allais faire pour effacer certains moments de ma vie et celle que j'étais. Et j'ai compris. Tu ne peux absolument rien effacer, et tant mieux d'ailleurs. Mais l'étape d'après est le pardon de soi. Le pardon est une expérience sensorielle qu'on doit toutes faire, notre goddess est capable de se pardonner elle-même et de pardonner les autres. Le pardon est une expérience extrêmement puissante. C'est un acte émotionnel, mais aussi une émotion, un truc qui vibre finalement. Pardonner c'est se libérer soi-même et libérer l'autre. J'imagine vraiment les personnes qu'on n'a pas pardonnées comme des prisonniers, des personnes qu'on garde attachées à notre âme et par conséquent on porte leur poids, le poids de leurs actes et du non-pardon. Beaucoup de personnes pensent que pardonner signifie « aller de l'avant », « oublier ce que la personne t'a fait vivre », ou encore « renouer les liens », alors qu'absolument pas. Pardonner signifie se libérer de l'espace mental qu'on offre à cette ou ces personnes. Et lorsqu'on ne se pardonne pas soi-même, on est prisonniers de nous-mêmes. Avoir l'impression d'être à bout de souffle, de se détester, de s'en vouloir, de mal se parler, de se dénigrer, être emprisonnée avec soi-même est une expérience extrêmement éprouvante. D'accord, tu as peut-être fait de la merde, des erreurs, mais tu as évolué. Tu as de nouvelles armes, de nouveaux yeux, car tu ne vois plus la vie avec la même intensité, tu arrives à voir tout ça différemment à l'heure actuelle et c'est la chose la plus importante.

La plupart des humains vivent dans le passé, ils sont soit nostalgiques soit honteux, et ils imaginent constamment le futur, alors que le seul moment vraiment important est l'instant présent. Vivre dans le passé, et imaginer le futur n'est pas enrichissant pour toi, car tu passes à côté de MAINTENANT.

Si tu as besoin de libérer l'autre, car tu lui en veux énormément, écris-lui une lettre de colère. Oui, tu as le droit d'expérimenter la colère, il faut qu'elle se libère et ensuite fais l'expérience du pardon, même sans le dire à cette personne. Tu n'as pas besoin de lui faire savoir que tu lui pardonnes, car tu le fais pour toi, laisse-la dans le passé. Ce qui compte c'est que MAINTENANT cette personne est encore dans ton espace mental, laisse-la sortir, tu as besoin de cet espace mental pour toutes les autres choses. Le pardon, c'est l'amour de soi, c'est choisir de ne plus vivre dans ses blessures. Parce que les blessures de l'âme sont tellement reliées au pardon, se pardonner soi, pardonner ceux et celles qui ont renforcé ces blessures, c'est décider de se libérer tout doucement de celles-ci. Personnellement, j'ai fait l'expérience d'un cercle de femmes, animé par Amina Elabbassi, sur le pardon, qui m'a permis de comprendre tout ça, même si cela faisait déjà des mois que je travaillais sur ce sujet, ce cercle a été pour moi l'occasion de finaliser le parcours que j'avais débuté. Quelle libération !

Le pardon en 3 étapes

1

Accepter sa situation.

2

Libérer la charge émotionnelle du passé (larmes aux yeux).

3

S'aimer et s'accepter.

Je t'invite ici à dessiner une prison comme tu le souhaites : un carré, des barreaux… et à dessiner les personnes que tu ne penses pas avoir pardonnées. En plus de ce dessin, je t'invite à leur écrire des lettres de colère et de pardon, es-tu prête à les laisser partir ?

L'ENFANT INTÉRIEUR

L'enfant intérieur est un mélange entre l'enfant que tu étais et le côté enfantin que tu as en toi. Ça te semble peut-être trop loin dans ta mémoire, ou peut-être que tu as beaucoup de personnes emprisonnées à pardonner qui font partie de ton enfance, ou encore que cela te crispe d'entendre parler de l'enfant que tu étais. Peut-être que tu ne souhaites pas te reconnecter avec ton enfant intérieur, car tu es une adulte, une adulte bien mature. Quelle libération de comprendre que le côté enfantin que tu as en toi et la maturité ne sont absolument pas opposés. Il est, selon moi, idéaliste de croire que les êtres humains se divisent en personnes matures et non matures. La maturité serait définie, selon le Larousse par une « période de la vie caractérisée par le plein développement physique, intellectuel et affectif », en gros on part du principe que la maturité est reliée à une plénitude, un accomplissement dans différents domaines. Je pense qu'il y a différentes maturités qui se développent avec les expériences de vie, en fonction de notre réalité, de nos épreuves, de notre accomplissement. À chaque épreuve, on atteint une maturité dans un domaine, mais tout en restant un enfant. Je parlerais aussi de senior intérieur. Je pense que nous sommes une unité : un enfant intérieur, un senior intérieur et un adulte intérieur. Pour moi il est important de travailler les trois. Oui, tu as sûrement déjà entendu parler d'enfant intérieur et jamais de senior intérieur, c'est simple je l'ai inventé, car je pense qu'il existe vraiment, ce futur qui est déjà en nous. Et je pense surtout que nous sommes un tout. C'est l'ego qui parle en « je », en vrai nous sommes un « nous », je dirais même que nous sommes l'Univers. On croit souvent qu'il y a l'Univers et nous à côté, mais on est dedans, donc on est l'Univers aussi. Lorsque nous étions petites, nous arrivions tellement à vivre nos émotions pleinement, à pouvoir tout simplement profiter, vivre, sans aucune honte, sans aucun intérêt de l'avis des autres personnes, on dit souvent « j'aimerais être insouciant comme un enfant », mais tu le peux encore, car tu as une partie de ton enfant en toi. C'est ce qu'on appelle l'enfant intérieur. Tu es en train de te dire : encore quelque chose en moi que je ne vois pas ? Oui, absolument.

Je vais te raconter une histoire avec mon enfant intérieur, c'est une enfant qui a énormément souffert. J'ai rapidement voulu devenir une adulte et faire des choses que je pensais « d'adulte ». Je pensais qu'il y avait des activités réservées aux « enfants » ou « gamins » comme j'aimais le dire, du coup j'ai rapidement laissé derrière moi ces activités telles que le coloriage, la peinture, le vélo, les balades, les jeux. Je n'aimais pas être une enfant, je voulais grandir, et j'ai totalement abandonné mon enfant intérieur en me disant que ce n'était pas important. Les gens me disaient qu'ils connaissaient d'autres personnes qui portaient le même prénom que moi « Amal », mais moi je disais que je n'en connaissais pas. Pour moi, le prénom que l'on avait était relié à la naissance, l'enfance, l'apprentissage, du coup, je ne voulais pas voir qu'il y avait d'autres petites filles avec ce même prénom. Une fois que j'ai renoué avec cette partie enfantine de moi, j'ai rencontré tellement de Amal. Je me suis rencontrée finalement. Et toi, tu as envie de rencontrer la petite toi ?

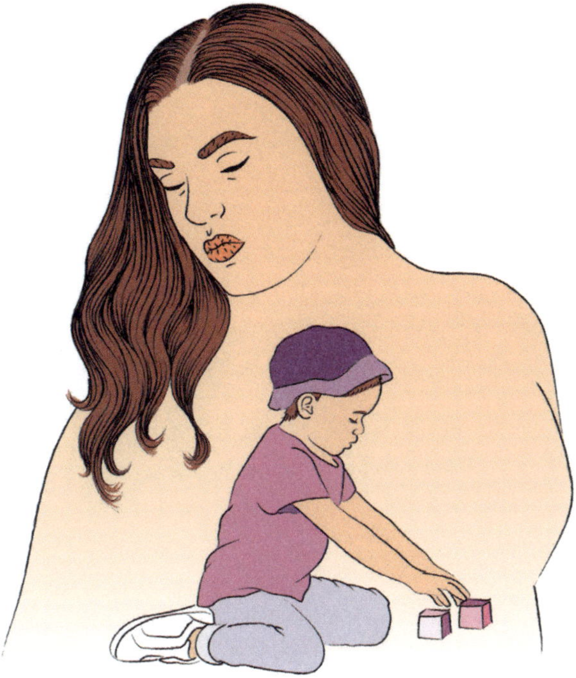

Qu'est-ce que tu aimais faire lorsque tu étais petite ?

Je t'invite à rajouter ces activités dans ta vie actuelle. Cela va tellement stimuler ton enfant intérieur, lui faire du bien, et rajoute d'autres activités que tu qualifies d'enfantines. Personnellement, j'ai commencé la peinture et j'ai acheté des carnets de coloriage. Lorsque tu fais ces activités avec l'intention de renouer avec ton enfant intérieur, tu sens que quelque chose se passe en toi. Cet enfant que tu as tellement délaissé va te répondre, rentrer en contact avec toi. Tu as essayé d'oublier tout ce que tu as vécu étant enfant : abandon d'un parent, honte de toi, peur d'être rejetée, complexes, non-amour de soi, dépendance affective, angoisse, stress, etc., et tellement d'autres choses qu'on a tous pu vivre en étant enfant, parce que ce n'était pas si facile que ça d'être enfant. Tu as tellement essayé de lui fermer la bouche à cet enfant intérieur, mais il est en toi, il vit avec toi, il a envie d'être entendu. Tu t'es tellement obstinée à ne pas l'entendre parce qu'« être une adulte c'est cool », mais être VOUS DEUX c'est cool aussi, et tu mérites de vivre avec cette âme d'enfant, qui est là et qui ne veut plus souffrir, alors pousse-toi un peu et fais de la place pour la petite toi, je crois qu'elle a envie de te faire un câlin, alors prends-toi dans les bras, maintenant, dépose ce livre sur tes jambes et câline-toi.

« TOUT CE DONT
TU AS BESOIN
EST À L'INTÉRIEUR
DE TOI. »

Chapitre 4
LA LOI DE L'ATTRACTION

Dans ces trois chapitres, tu as appris tellement de choses sur toi, profondes, fortes. Pourquoi ? Dans le but de pouvoir te révéler, révéler celle que tu es vraiment au fond de toi, te sentir en développement. Faire de ton énergie une richesse, ne pas la dépenser pour tout et rien, savoir dans quoi investir ton énergie. On dit souvent que « l'indifférence est la meilleure des réponses ». « Il ne faut pas que je réponde à son message », « je laisse et me force à ne pas envoyer de message »... Finalement, les gens se forcent, se torturent pour rester indifférents. Encore une fois, aucune énergie, aucune émotion ne circulent, car nous avons appris, par le prisme de la société, à nous limiter émotionnellement. On s'est approprié des barrières qui ne nous correspondent absolument pas. Mais cette « fausse indifférence » n'est autre qu'un blocage énergétique. Tu dois prendre conscience que ton énergie est IMPORTANTE, et c'est à ce moment-là que tu te rendras compte qu'elle est sacrée. Essaie d'honorer cette énergie qui t'appartient comme si c'était quelque chose de luxueux.

Une leçon de vie qui m'a sauvée est de me dire que l'énergie, la bonne énergie, est illimitée dans le ciel, dans la terre, dans l'Univers. Puise ton énergie dans l'Univers, et non dans les personnes, imagine cette connexion entre toi et la terre, toi et le ciel, toi et les planètes. Marche pieds nus dans l'herbe, sur le sable, câline les arbres, observe les plantes, lorsque tu te laves le visage le matin, profite du bruit de l'eau.

Un exemple que j'aime donner : suivre des ancien.ne.s ami.e.s sur les réseaux sociaux alors que regarder leurs stories te procure un malaise. Regarder les stories ou suivre des gens qui n'ont pas la même vibration que toi te fait perdre ton énergie. Trie tes abonnements Instagram, supprime ces personnes, fais-le pour toi. Et si je te parle de l'entourage, ce n'est pas anodin, car nous donnons beaucoup d'importance à notre entourage, nos fréquentations. Les personnes que tu décides d'écouter, avec qui tu discutes, prennent ton énergie, c'est Ok de donner son énergie aux autres, mais il faut que l'énergie bouge, ils doivent te la rendre, mais donner et absorber des énergies incompatibles avec toi est beaucoup trop énergivore pour ton âme. Entoure-toi de personnes qui te correspondent d'un point de vue vibratoire, de belles âmes, des personnes en développement. Lorsque tu es consciente de ta vibration et de sa puissance, tu attires des personnes avec la même vibration que toi, mais aussi des personnes qui ont une vibration opposée, mais qui, selon moi, vont te donner une leçon avant ton éveil spirituel. Je t'en parlerai mieux dans un prochain chapitre, mais je souhaite que tu comprennes cette vibration et son importance. L'entourage joue énormément sur ton *mindset* : ta vibration, éloigne-toi des personnes accros aux gossips, des gens malheureux, de ceux qui parlent des autres constamment pour se rassurer dans leur tristesse. Les personnes qui veulent à tout prix prouver quelque chose aux autres, qui recherchent la validation ne vont pas vraiment t'écouter, juste t'épuiser. Tu as besoin de personnes qui te poussent vers le haut. C'est quoi le haut ? Une haute fréquence. Arrêtons de croire que les plus longues relations humaines sont les plus importantes, le temps est abstrait, cela ne signifie rien. Tout ce que tu viens de lire plus haut est déjà dans le passé. L'humain compte, passe du temps enrichissant même dans le malheur avec les bonnes personnes, tu en sortiras plus grande.

Je te parle énormément de vibrations, car dans ce chapitre je vais introduire la loi de l'attraction. Les vibrations sont la base, selon moi, de cette loi universelle. Il existe d'autres lois universelles comme la loi du karma, on ne peut pas y échapper non plus. Si je te parle autant de ta vibration, c'est parce que pour pouvoir manifester (la manifestation étant l'application de la loi de l'attraction) tu as besoin d'avoir une haute vibration ou du moins une vibration constante.

Voici un exemple simple, si tu souhaites manifester une carrière, une relation qui se trouve dans la fréquence 111 tu vas devoir te mettre au niveau de cette fréquence, mais si tu vis constamment dans ton ego, sans aucun travail sur tes blessures et mal entourée tu es peut-être à la fréquence 12. Comment attirer quelque chose qui n'est pas dans la même fréquence que toi ? Impossible. Si je souhaite écouter en voiture une certaine chaîne de radio, je dois me mettre sur la bonne fréquence. C'est pareil pour toi et tes manifestations. C'est à toi de rejoindre la fréquence que tu souhaites manifester, pas l'inverse. La loi de l'attraction c'est cette loi universelle qui fait que lorsque tu travailles tes parts d'ombres, tu augmentes ta vibration et tu attires à toi ce que tu crois profondément, mais retient bien que tu manifestes depuis ta naissance. Tout ce que tu as vécu dans ta vie était soit une manifestation soit une leçon de l'Univers.

LA LOI DE L'ATTRACTION

ne se base pas sur ce que tu PENSES, mais sur tes CROYANCES profondes. On se demande souvent comment les personnes riches font pour accumuler de l'argent sans cesse, parce qu'elles y croient profondément, elles savent (*via* leurs premières expériences) que faire de l'argent est possible donc elles y croient profondément et ça ne s'arrête pas, même si elles ne sont pas heureuses dans leur vie, elles continuent de faire de l'argent, car c'est ancré dans leur subconscient. Elles ont vécu CETTE expérience sur leur propre peau, et comme elles ont expérimenté l'argent elles en font encore et encore. Donc, si tu regardes un documentaire sur la loi de l'attraction et que tu entends que tes pensées créent ta réalité : c'est faux. La seule chose qui t'aidera à manifester ce sont tes croyances profondes, et celles qui t'empêchent ce sont tes croyances limitantes. Les pensées ne jouent pas réellement, tu peux apprendre à maîtriser ton esprit, et la seule façon d'apprendre à le faire c'est de conscientiser ta vie et surtout de CONNAÎTRE ton esprit, ton corps énergétique, de le soigner, d'en prendre soin. Réfléchir, penser, tu ne pourras pas arrêter de le faire, donc le fait d'être une personne qui *overthink* c'est Ok. Tu as le droit de penser, de remettre en question, mais ce que tu dois vraiment travailler ce sont tes profondeurs. Ainsi tu pourras considérer que ce « overthink » fait partie de pensées parasites, mais qu'au fond de toi tu sais ce qu'il en est vraiment.

LA VIBRATION

AUGMENTER SA VIBRATION	RÉDUIRE SA VIBRATION
Conscientiser sa vie	Un entourage qui ne te correspond pas énergétiquement
Acceptation	Doute, inquiétude
Espoir, fierté de soi	Haine, rage
Courage	Jalousie, peur
Prise de risque	Consommation visuelle et auditive (télévision)
Apprentissage	Violence verbale, physique
Méditation	
Gratitude	

Comme présenté dans le tableau ci-dessus, conscientiser sa vie, vivre dans sa conscience reste une des **bases** pour pouvoir **augmenter** ta vibration, car tu es consciente de ce que tu as en toi, de qui tu es, de ce que tu vis et également de ce que les autres te font vivre. Être consciente te permet de savoir quand une croyance limitante pointe le bout de son nez, quand le syndrome de l'imposteur prend trop de place ou quand tu n'arrives pas à poser tes limites. Le fait de pointer du doigt gentiment cette pensée (ou cet acte) la rend plus gérable, réelle, tu pourras donc la toucher ; « ici je me dis que je n'en suis pas capable, c'est une croyance limitante que je me pose toute seule ». Tu réfléchiras automatiquement à pourquoi elle existe dans ta tête, tu vas utiliser encore une fois ton intelligence émotionnelle qui va t'aider à comprendre. Mais si tu vis avec toutes ces croyances limitantes sans même t'en rendre compte, c'est là que ça devient problématique et c'est pour cette raison spécifique que j'ai mis le fait de vivre en conscience en premier dans l'augmentation de la vibration, car pour moi c'est extrêmement important.

Juste après cette conscientisation j'ai cité l'acceptation. Accepter. J'aime beaucoup ce verbe dans ce contexte, accepter une situation. Savoir se dire : « Ok pour le moment, c'est comme ça », ne pas vouloir se battre à tout prix, savoir souffler et accepter c'est tellement plaisant et important, savoir observer avec un regard extérieur une situation comme si elle ne t'appartenait pas, comme quand tu arrives devant un café le dimanche et que c'est fermé : tu acceptes. L'acceptation est la base du changement. Lorsque tu acceptes quelque chose, cette chose n'est plus ton ennemie, donc tu vas pouvoir facilement trouver la meilleure façon d'agir ou de ressentir. Je te parle aussi d'apprentissage, c'est ce que tu es en train de vivre dans ce livre, et j'espère que tu le vivras avec plein d'autres livres, documentaires, podcasts, personnes.

Tu as besoin d'apprendre, de cultiver ton esprit, cela te fait grandir, et te pousse vers l'apaisement. Tu as totalement le droit de consommer des séries ou des films qui t'amènent à ne réfléchir à rien, à te détendre, c'est totalement Ok, tu as le droit à tout ce que tu t'accordes avec plaisir. Et surtout, on verra un peu plus tard l'importance du cycle menstruel et du respect des énergies yin et yang, donc oui, absolument ces moments de juste rien sont extrêmement importants. Si pendant les vingt-quatre heures que l'Univers t'offre quotidiennement tu consacres 20 % de cette journée à manger du chocolat au fond de ton canapé devant une série, c'est parfait, c'est la majorité de ta journée et tes pensées qui déterminent ta vibration. La spiritualité est un équilibre, les personnes qui suivent ce mode de vie spirituel ne sont pas constamment en train d'écouter des podcasts, lire et de manger équilibré c'est faux, elles ne s'habillent pas d'une certaine manière, elles sont toutes différentes. Je te partage dans ce livre des clés qui ont été fondamentales pour moi, des changements de vie qui ont été magiques, mais en aucun cas je ne vais te dire quoi manger, comment diviser ta journée. Tu es TA spiritualité, il y a des choses que moi j'adore et que mes meilleures amies (également spirituelles) ne font pas. Par exemple, me lever tôt pour méditer sur ma terrasse, et j'ai des amies qui préfèrent méditer le soir. J'aime méditer quinze minutes, alors que d'autres personnes méditent cinq minutes ou une heure. La spiritualité, comme quasi tout dans notre société, se retrouve souvent enfermée dans des cases. La spiritualité c'est juste : « Comment souhaites-tu vraiment vivre ta vie ? ». Manger du chocolat et de la junk food ne te rendra pas moins spirituelle, c'est toi qui décides de tes vingt-quatre heures, c'est toi qui décides du pourcentage de podcast, série, chocolat et nourriture saine. Cela t'appartient. Je suis juste un mentor, je transmets, je t'offre ce livre pour que tu puisses commencer à tracer ton chemin, mais toi et ta goddess êtes les seules à pouvoir vraiment choisir le parcours. Je ne souhaite pas que tu établisses une liste de choses à faire ou à ne pas faire, je souhaite juste que tu puisses changer ta vision de la vie pour te révéler, et réussir à écouter les messages de ta goddess.

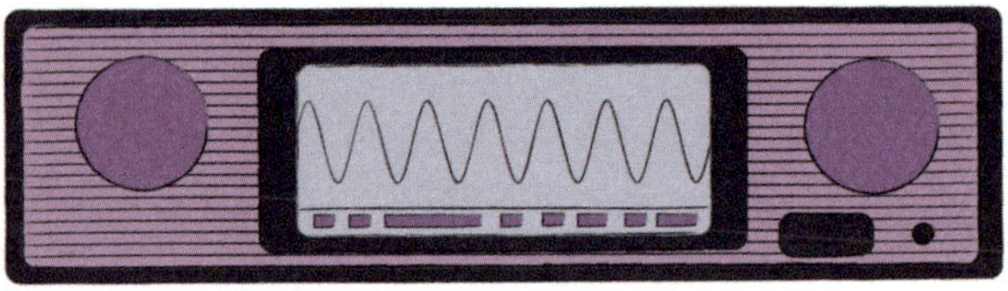

LA GRATITUDE

Les études prouvent que la gratitude permet de développer l'estime de soi, la qualité des relations humaines et le bien-être de manière générale. En effet, la gratitude va venir augmenter la dopamine, une hormone super cool qui nous apporte du kiff et du plaisir. Et justement puisqu'on parle de chemin de vie, parlons plus en détail de gratitude. J'ai cité la gratitude dans la liste des choses qui font augmenter ta vibration. C'est selon moi un des piliers du développement personnel et de l'utilisation de la loi de l'attraction. La gratitude est le fait de remercier ce que tu es, qui tu es, ce que tu as quotidiennement.

Le fait de ressentir de la plénitude désigne pour moi la gratitude, car lorsque tu es *grateful* tu es PLEINE, tu sens lorsque tu fais une liste des 10 choses pour lesquelles tu remercies l'Univers que tu te sens mieux dans ton corps physique et énergétique, tu sens que tu te remplis.

Cite 10 choses pour lesquelles tu es *grateful*.
Exemples : lire ce livre, respirer, marcher, voir, entendre…

1. ....

2. ....

3. ....

4. ....

5. ....

6. ....

7. ....

8. ....

9. ....

10. ....

Bravo pour l'exercice que tu viens de faire, profite de ce moment, tu te sens heureuse et *grateful* pendant ces quelques minutes, tu vas faire monter le taux de dopamine et stimuler les mécanismes de récompense de ton cerveau. Alors imagine si tu commençais ta journée par faire cette liste de remerciements. Tu aurais des résultats juste extraordinaires sur le long terme. Un des meilleurs conseils que je peux te donner c'est de tenir un journal de gratitude. C'est tellement fort pour ta vibration, surtout si tu fais cette liste dans des moments compliqués, tu prouves encore une fois ta force mentale. Tu as le droit de pleurer, de tout envoyer balader, mais si une fois posée tu écris cette liste, tu sentiras ce bien-être en toi.

Maintenant que je t'ai expliqué l'importance de la gratitude, tu es sûrement motivée pour tenir ce carnet, laisse-toi le temps d'insérer cette nouvelle habitude dans ta vie, le cerveau humain a besoin d'un mois de temps pour intégrer une habitude. Ne sois pas dure envers toi si tu ne t'y tiens pas tous les jours, tu as besoin de temps pour rajouter toutes les choses que tu vas apprendre dans ce livre dans ton quotidien, un pas après l'autre.

Ce n'est pas si simple que ça de se sentir *grateful* envers la vie, envers toi et les autres. Si tu es quelqu'un qui vit dans un déni émotionnel tu ne vas certainement pas oser faire cette liste, tu vas devoir te battre contre ton ego pour pouvoir t'accorder ce moment, et surtout dans la société actuelle on nous apprend à toujours aller plus haut, plus loin, sans même nous rendre compte de ce que l'Univers nous a donné, ou même de ce que nous avons été chercher toute seule. Il faut que tu prennes le temps de te rendre compte des choses que tu as, de qui tu es, des personnes que tu as dans ta vie pour lesquelles tu es extrêmement reconnaissante. Ressentir cette reconnaissance te permettra de manifester sans le manque, et c'est selon moi une des clés de réussite de ta manifestation, le fait de lister les raisons pour lesquelles tu te sens reconnaissante va t'aider à ne pas ressentir le manque. Tu dois sentir que tu as déjà tout ce dont tu as besoin. Manifester dans le manque est un échec assuré, je peux te le garantir. En tant que coach en loi de l'attraction, je vois quotidiennement des personnes qui n'arrivent pas à manifester à cause de ce manque constant qu'ils ont en eux. Tu as besoin de manifester en étant à 100 % remplie, comme si ce que tu demandais dans ta lettre ou dans ton rituel de manifestation t'appartenait déjà. Tu comprends maintenant pourquoi lors des manifestations il faut parler au présent. Tout est relié et logique.

La première chose que tu dois faire c'est te demander « pour quelles choses je me sens *grateful* dans ma vie ? ». Juste le fait de se poser la question sans stylo ni feuille a un effet positif pour le psychisme et le corps physique et énergétique.

Les questions importantes

À quel moment je me suis sentie *grateful* aujourd'hui ?

★

Pour quelles raisons je me sens *grateful* de manière générale ?

★

Quelles sont les deux meilleures choses qui me sont arrivées aujourd'hui ?

★

Est-ce que je suis heureuse de pouvoir respirer ? marcher ? manger ?

Oprah Winfrey, femme influente, qui a déjà dit à plusieurs reprises avoir utilisé la loi de l'attraction dans sa carrière, a dit lors d'une interview que si elle ne devait garder qu'une chose dans sa vie ce serait un journal de gratitude. Beaucoup de personnes oublient pour quelles raisons elles sont *grateful*, elles oublient même pendant des mois voire des années de se poser quelques minutes, méditer et remercier chaque chose qui est dans leur vie, oui, certaines personnes passent une éternité sans jamais rien remercier, ou se remercier. Si vous débutez dans la gratitude n'hésitez pas à imprimer des photos qui vous rappellent pourquoi vous êtes *grateful*, par exemple avec vos amies, vos réussites, afficher vos diplômes près de vous, ce sont des messages subliminaux qui vont déclencher un bonheur interne sans vous en rendre compte. Mettez un fond d'écran qui vous rappelle de prendre une minute de votre journée pour remercier l'Univers ou par exemple Dieu si vous êtes croyante. Profitez de vos prières religieuses ou de vos méditations pour remercier ce qui vous entoure, sentez-vous comblée, car vous l'êtes vraiment, en tout cas votre goddess le ressent, elle ne vit pas dans le manque, car elle sait qu'un jour elle aura a elle tout ce qui lui est destiné et donc tout ce qu'elle manifeste hors du manque. Le manque bloque la manifestation.

Je désire profondément que tu instaures en toi le concept de la loi de l'attraction, car tu es maîtresse de ta vie, des choses, événements, personnes qui viennent à toi sur ta vie terrestre. Tu es créatrice de ta vie et de tout ce qui t'entoure que tu le fasses de manière consciente ou inconsciente. Un jour, j'ai compris. J'ai compris que tout était énergie, que mes croyances les plus profondes pouvaient impacter ma vie. J'ai compris qu'en fait j'étais maîtresse de ma vie, que dans le monde, dans l'Univers, et sûrement même au-delà, tout n'est qu'énergie, et que fait-on avec les énergies ? On les attire, ou au contraire, on les repousse. La loi de l'attraction est un concept utilisé par tout le monde, et ce, depuis toujours, la différence est de le faire consciemment ou inconsciemment. Ça t'est déjà arrivé de penser à quelqu'un et que cette personne t'appelle ou carrément de la croiser ? Ou par exemple que tu souhaites acheter une voiture, adopter un animal ou acheter quoi que ce soit et que tu n'arrêtes pas de croiser ces différentes choses dans ta vie alors qu'avant tu ne les voyais jamais. Lorsque tu répètes constamment quelque chose, ton cerveau essaie de prouver que c'est vrai. Par exemple, que tu n'es pas chanceuse, ton cerveau confirmera qu'en effet tu n'as pas de chance. Mais ce qui est magique c'est qu'au contraire si tu te répètes que tu es une personne chanceuse, même sans avoir jamais fait l'expérience de la chance, ton cerveau va vouloir prouver qu'en effet tu es une personne chanceuse. Et plus tu vas vivre cette chance, plus tu vas y croire et plus elle va devenir une croyance profonde qui va donc se répéter continuellement dans ta vie. D'où l'importance du langage que tu utilises envers toi-même. Répéter constamment quelque chose de négatif en parlant de toi c'est le rendre réel dans ton expérience de vie. Parle-toi avec bienveillance la plupart du temps. Sans même le savoir, tu as déjà manifesté des personnes, ou encore que ton train ou métro soient à l'heure. La différence est qu'une fois que tu le fais de façon consciente, tu alimentes ton esprit, tu viens renforcer **ton muscle de manifestation**.

MUSCLE DE MANIFESTATION

Je parle de « muscle de manifestation », car pour moi c'est comparable à un muscle. Si demain tu débutes la musculation tu ne pourras pas porter 100 kg en position squat, mais par contre au fur et à mesure de tes entraînements tu y arriveras. Déjà parce que tout est possible, l'impossible existe uniquement dans nos croyances limitantes et nos peurs, et parce que tu auras travaillé régulièrement ce muscle et qu'il sera donc de plus en plus puissant. La manifestation c'est pareil. Tu manifestes de croiser une voiture jaune et un jour tu manifestes ta maison, ta carrière, ton.ta partenaire de vie.

Lorsque tu manifestes de manière consciente tu sais ce que tu fais et tu te rends compte de comment t'aligner dans ton esprit. Tu peux manifester énormément de choses, personnellement j'utilise beaucoup la loi de l'attraction dans le monde du travail, dans mon business, dans mon entreprise. Par exemple, là tu es en train de lire un livre qui a été manifesté. J'ai retrouvé une lettre que j'avais écrite à l'Univers et ce que j'ai et je suis à l'heure actuelle c'est ce que je décrivais dans celle-ci, je parlais de ce livre exactement comme il est aujourd'hui. Il représente totalement ce que je décrivais en détail, tout comme mon appartement, ou même mon physique. J'aime tellement relire mes lettres qui datent, ça me fait pleurer à chaque fois, car je me rends compte à quel point je suis la créatrice des événements de ma vie, et j'adore avoir ce pouvoir.

LE MOMENT DÉFINITION D'AMAL

La loi de l'attraction est une loi qui fait partie des lois universelles. Beaucoup de personnes se disent « je crois ce que je vois » alors que la vraie phrase est « je vois ce que je crois », on a besoin de vivre dans cet état d'esprit. Tout esprit cartésien va avoir du mal à croire en la loi de l'attraction et sera sceptique. Mais comme une des bases de la manifestation est de n'avoir aucun doute vis-à-vis de la loi de l'attraction je vais te présenter tout ça d'un point de vue scientifique. Pose-toi la question suivante : « de quoi est composé le monde ? Qu'est-ce qu'il y a autour de toi là tout de suite ? ». Tu vas me répondre : une maison, un chien, des arbres. Mais est-ce que tu peux me dire de quoi tout ça est composé ? D'atomes. Comme tout. Notre monde est composé d'atomes c'est leur association qui crée les choses. On pensait à une autre époque que les atomes étaient la plus petite chose sur Terre, finalement avec les avancées scientifiques on a découvert plus petit : les électrons, les protons et les neutrons. Et qu'à-t-on découvert après selon toi ? Le vide. Rien. Les scientifiques n'ont plus rien découvert. Physiquement le monde est composé de vide, puisqu'après il n'y a plus rien. En réalité ce « rien » est le « tout » de ce monde. Scientifiquement, chaque électron émet une vibration (fréquence vibratoire) et son pouvoir est immense, c'est la chose la plus petite sur terre, mais ils peuvent tout traverser. Chaque électron a sa fréquence vibratoire. Donc comme tout est composé d'électrons, on est d'accord que tout dans ce monde vibre. TOUT VIBRE. Le rapport à la loi de l'attraction ? La loi de l'attraction est fortement attachée à la loi de la vibration, tu as besoin de vibrer pour attirer à toi des choses avec la même vibration que toi. En sachant que le cerveau humain est une machine, c'est un émetteur et récepteur de fréquences vibratoires. Nous attirons à nous nos croyances profondes parce que deux vibrations qui se ressemblent vont s'attirer. Le tout est de contrôler les vibrations

qu'on émet, notre taux vibratoire.
Notre intelligence émotionnelle (croyances profondes) parle, vit, elle dégage quelque chose qui va entraîner une réponse. Parlons des travaux scientifiques de Masaru Emoto, un docteur japonais qui a travaillé sur les molécules d'eau. Pour montrer qu'elles réagissent aux vibrations, il a fait écouter différents morceaux de musique à de l'eau : John Lennon, Mozart et du hard rock. Et sur les photos de l'étude (que je vous invite à regarder), on voit que les molécules d'eau réagissent à ces sons. Il a fait pareil avec les mots. Avec les mots « amour » et « gratitude » il obtient une réponse très belle des molécules, douce, alors qu'avec des mots plus malveillants l'eau réagit négativement. Le rapport ? Notre corps est constitué à 80 % d'eau ! On est quasiment que de l'eau. Donc oui, on réagit aux vibrations comme les molécules d'eau. Est-ce que tu arrives à voir le lien avec les études du docteur Masaru Emoto ? Imaginer ce que les mots, les pensées et les croyances peuvent faire sur notre corps. Bob Proctor nous parle aussi de la loi de l'attraction d'un point de vue scientifique. Il dit qu'avec une loupe, une feuille et le soleil on peut allumer un feu, pourquoi ? Vous amplifiez la vibration de chaque chose. Et je finirais par dire que le cerveau ne fait absolument pas la différence entre ce qui est vrai ou faux. C'est un facteur intellectuel à développer pour accroître sa conscience. Dans n'importe quelle chose physique en regardant avec un microscope, vous verrez quelque chose à l'intérieur. Lorsque vous prenez Internet, où se situe Internet physiquement ? On a besoin d'un téléphone et d'un ordinateur pour se développer et être utile. On est conscient du monde extérieur, mais pas de notre monde intérieur.

Après avoir vu la définition « scientifique » de la loi de l'attraction, passons à la mienne. Lorsque tu as une imprimante, tu mets soit de l'encre noire et les feuilles sortent en noir, soit tu mets de l'encre de couleur et tout sort en couleur. C'est pareil avec ton esprit. Comment souhaites-tu le charger ? Ton esprit, tes croyances les plus profondes viennent impacter ton quotidien, ta vie. Si tu as toujours eu la même encre, il faudra la jeter pour en mettre une nouvelle. Tu dois donc accepter que pour manifester la vie de tes rêves, il faudra laisser ton ancienne vie. Un éveil spirituel n'est pas une ligne droite. J'en parle dans un des chapitres précédents notamment avec le shadow work, mais c'est aussi devoir *disconnect to connect* donc reprogrammer ton cerveau, tout remettre en question, accepter que certaines choses/personnes ne te correspondent plus et devoir « les laisser aller ». Une expression banale ? Non. Car lorsque tu laisses aller une chose, une habitude, une personne, cela ne rime pas seulement avec « je la dégage de ma vie ». Déjà, parce que nous pouvons laisser aller une personne avec bienveillance par exemple, mais surtout, dans cet acte, tu perds une partie de toi. À chaque fois qu'on laisse quelque chose qui ne vibre plus avec nous, on se rapproche de quelque chose qui vibre exactement comme nous.

« LA VIE DE TES RÊVES VA TE COÛTER LA VIE QUE TU AS AUJOURD'HUI. »

Écris une lettre à une amie pour lui raconter ta vie dans cinq ans, comme tu l'imagines, la souhaite et certainement comment elle sera donc en parlant au présent.

Chère Amie,

LE TIPS D'AMAL

Dans un coin de ta chambre ou une pièce où tu es souvent je te conseille de coller sur un carton, d'imprimer sur une grande feuille bien épaisse, ou encore d'écrire comment tu vois ta vie dans cinq ans. Tu vas tellement voir ces images que tu vas réussir à les imprégner dans ton inconscient. C'est ce qu'on appelle la visualisation.

Grace à cet exercice, tu viens d'apprendre une des techniques de manifestation. Une lettre écrite au présent à une personne imaginaire ou pas, va te permettre de te projeter, de ressentir toutes les émotions. À MANIFESTER. La manifestation est le résultat de l'application de la loi de l'attraction. Cela signifie qu'une fois que tu as appris ce qu'est la loi de l'attraction, une fois que c'est acquis dans ton esprit, que cette loi arrive à trouver sa place dans ton cerveau, et que tu es en accord avec cette définition SANS AUCUN DOUTE – dans la loi de l'attraction, il n'y a pas de place pour le doute, tu as besoin d'y croire profondément –, tout doucement tu vas sentir une énorme énergie dans ton corps. Tu vas y penser souvent après la lecture de ce livre : « Waw, j'attire à moi ce que je crois », cette loi va faire son chemin dans ta tête. Ce sont des phrases qui vont résonner en toi. La manifestation consciente (car tu as toujours manifesté inconsciemment) est le résultat de ta compréhension de la loi de l'attraction c'est-à-dire que tu vas réussir à manifester concrètement tes croyances profondes. Et j'ai bien dit croyances profondes et pas pensées, la loi de l'attraction se fout complètement de ce que tu penses, penser c'est bien, mais ressentir et croire profondément ce que tu souhaites c'est mieux. Ça, c'est ce qui va te faire réussir à manifester : tu peux tout manifester sans aucune limite. Les limites n'existent pas.

LE DOUTE

Le doute est un événement, une pensée qui est extrêmement puissante chez l'humain. On l'oublie un peu dans la vie quotidienne, ce n'est pas un ressenti dont on parle souvent, alors que c'est extrêmement important de savoir que le doute existe chez tout le monde et que c'est typiquement un frein. Le doute donne naissance à une inquiétude, cette dernière donnera naissance à une pensée limitante et cette même pensée deviendra une croyance limitante. Cette croyance limitante deviendra une partie de ta personnalité, et tu manifesteras cette réalité. Donc oui, on entend énormément parler de pensées et/ou croyances limitantes, mais jamais de doutes, alors que le doute est la mère de tout ça. Qui a créé ce doute ? ton entourage ? toi-même ? Si ce doute (ou toute autre chose qui te freine) n'existait pas, tu ferais quoi ? À quoi ressemblerait ta vie si tu n'écoutais que tes tripes ? En travaillant là-dessus, cela te permettra de reprogrammer ton cerveau. Donc on en revient au fait que même si le doute est « perçu » comme négatif, son antidote est la remise en question. L'échec, tomber, se relever, il n'y a rien de plus beau que ça. Tu as besoin de ça pour évoluer. Vivre sa vie en ayant 100 % des réponses et la vie s'arrête. Le doute naît majoritairement par rapport au FUTUR. « Est-ce qu'il.elle va me répondre ? », « Est-ce que je vais être prise à ce job ? » Toutes ces questions visent généralement le futur, et tant mieux. Voudrais-tu vivre une vie en ayant toutes les réponses ? Non, tu as besoin de te remettre en question pour faire mieux, pour te sentir vivante.

LES CROYANCES LIMITANTES

Les croyances limitantes sont des virus que nous installons nous-mêmes, comme dans un ordinateur, qui prennent toute la place et arrivent à nous faire croire tout et n'importe quoi sur nous. Généralement, elles viennent nous faire redescendre, nous faire peur. Tout le monde en a, même les grandes personnes de ce monde. Encore une fois, le tout est de savoir les identifier. On doit remplacer nos croyances limitantes par des « croyances goddess » comme j'aime les appeler. « J'ai été bête », « J'ai été conne » devient alors « J'aurais dû mieux utiliser mon intelligence ». Lorsqu'on arrive sur Terre, personne ne nous donne un manuel pour savoir comment notre cerveau fonctionne, on devrait toutes et tous apprendre ça à l'école. Le pouvoir du cerveau humain est tellement puissant, la neuroscience est une science tellement magique qui nous apprend tout ce que notre cerveau peut faire sans même qu'on le sache. Tout cerveau peut être programmé. Steve écrivain du best-seller *Karma Sutra*, un livre de développement personnel juste génial, demande lors de ses interventions aux personnes présentes dans la salle de trouver des objets bleus en quinze secondes, puis quelques objets orange, mais ils ne trouvent pas, car ils sont focalisés uniquement sur le bleu. Les objets dans la salle deviennent neutres pour les personnes qui n'arrivent plus à se concentrer que sur le bleu. C'est une programmation cérébrale. On voit ce qu'on veut, on ne croit que ce qu'on PEUT voir. Les personnes peuvent voir toutes les couleurs, mais si elles se focalisent sur le bleu elles ne voient que ça. Il s'agit de croyances limitantes : on choisit ce que l'on veut ou pas. Ce qui a changé ma vie c'est de retirer la négation de mon vocabulaire. Je me suis reprise pendant des mois. Mais parler de manière positive est extrêmement important. De toute manière, le cerveau humain ne comprends PAS la négation. Lorsqu'on dit à un enfant « ne dessine PAS à cet endroit » il ne va pas comprendre et il va sûrement recommencer. De manière générale, les mots négatifs, durs comme « stupide », « con », « débile », sont extrêmement violents pour notre énergie, même si cela arrive à tout le monde, et on en a le droit, le tout est de se reprendre et de toujours conscientiser ce qui vient de se passer. Mais sache qu'un langage positif a un effet miraculeux sur le cerveau. Être toujours positif n'est pas possible, c'est utopique et ce n'est pas ce que je veux te vendre. Ça c'est la positivité toxique. Je veux juste que tu parles de façon bienveillante de toi, de tes rêves, des gens que tu aimes. Un échec n'est pas négatif. On ne parle pas d'échec on parle de « chose qui ne m'est pas destinée » ou « d'apprentissage » ou « d'essaier et réessaier encore ». On n'apprend pas grand-chose dans la réussite, on apprend dans le parcours de la réussite qui, à 90 %, est composé d'échecs et de chutes.

LE SYNDROME DE L'IMPOSTEUR

Ah, ce fameux syndrome, qui pour moi est plutôt un symptôme ! C'est un symptôme de la maladie que je définis comme celle du manque d'estime de soi. L'amour de soi se divise en plusieurs parties : respect de soi, amour de soi, estime de soi. L'estime de soi est l'ingrédient qui manque lorsque nous sommes victimes du syndrome de l'imposteur. Pour moi le plus important est déjà de conscientiser, je sais, je répète souvent ça dans mon ouvrage, mais c'est important. On vit sans s'en rendre compte, on marche inconsciemment, on mange inconsciemment, alors que quand on vit de façon consciente, c'est tellement profond, on est à 100 % présente. Donc, identifie ton syndrome de l'imposteur, mets le doigt dessus.

LE MOMENT DÉFINITION D'AMAL

Le syndrome de l'imposteur c'est lorsqu'une personne souffre de manière prolongée et inquiétante d'un doute très fort, elle croit ne pas mériter ce qu'elle a. Elle ne mérite pas sa place au travail, l'amour, etc. Elle ressent un sentiment d'imposture, de mentir aux autres. C'est relativement chronique, les personnes qui vivent ce syndrome de l'imposteur le subissent généralement dans quasiment tous les domaines. Bien souvent, ce sont des personnes qui réussissent et qui ne s'attribuent jamais la réussite de ce qu'ils font, c'est comme une modestie excessive, causée par la difficulté à accepter de l'aide et les compliments. Ce syndrome est souvent accompagné de stress et d'anxiété.

Je t'invite ici à comparer la réalité profonde que tu vis et ce que ton syndrome de l'imposteur te fait croire.

RÉALITÉ	SYNDROME DE L'IMPOSTEUR

En général, l'attitude des personnes concernées est soit d'en faire plus pour trouver une raison de se féliciter, soit tout faire pour que rien ne marche, ce qui valide dans le cerveau le fameux : « tu vois, tu es nulle ». C'est un peu comme une peur d'être démasquée. Il est extrêmement important de travailler sur son estime personnelle, accepter et remercier.

Les questions à se poser

Est-ce que cette pensée est vraie ?

★

Est-ce que le fait de penser ça m'est utile ?

★

Est-ce que j'ai envie de penser ça ?

★

Est-ce que je mérite de penser ça ?

Je te partage ces techniques de manifestation car c'est quelque chose qui m'est demandé continuellement. Manifester est le résultat de ton taux vibratoire, de l'équilibre dans ta vie, de ta façon de vivre dans la vérité, d'affronter tes parts d'ombre, de ta lumière interne. Pour moi c'est cela la manifestation. C'est pouvoir visualiser au cours d'une méditation puissante de l'enfant intérieur, par exemple. C'est tenir plusieurs carnets d'écriture pour vider ses émotions, avoir un *vision board* pour se souvenir de son combat. Mais la manifestation « fonctionne » quand tu as fait le travail sur toi. Tu es la clé de ta manifestation et aucune technique particulière ne pourra faire pour toi ce que tu peux réellement devenir en te transformant, en devenant toi. Apprendre à manifester avec une technique telle que 3-6-9 n'est pas le plus important, ce qui est important c'est d'aller chercher au fond de toi. Si tu veux la vie de tes rêves, deviens la femme de tes rêves dans tout ce que tu vis.

Tu entendras parler de nombreuses lois universelles, mais retiens quelque chose : l'Univers ce n'est pas scolaire, ce n'est pas quelque chose que tu peux maîtriser. On se fiche quelle loi universelle tu souhaites appliquer, le plus important est de comprendre que tu crées ta réalité et que cette réalité est composée de traumatismes, de blessures, de missions de vie, de réussites et d'échecs. Il y a des choses qui ne t'appartiennent pas et qui interviennent dans ta vie sans que tu ne les aies déclenchées, mais qui sont là pour t'apprendre et te faire vivre des choses profondes, des voyages au-delà de ce que tu connais. N'oublie pas que quoi qu'il t'arrive, le plus important n'est pas ce que les gens pensent mais que tu te connectes, même 3 minutes par jour, dans le plus anodin des endroits : reviens à toi, toujours.

Chapitre 5

ÉCRIRE, VISUALISER ET RESSENTIR

La manifestation et la loi de l'attraction ne sont pas un jeu, une mode, une course au succès. Tout ce que je te présente ici, ce sont des choses profondes, liées au développement personnel, à la neuroscience et même à la psychologie humaine. Tu as besoin d'être ancrée en toi, de guérir ton enfant intérieur, ressortir ta goddess et faire la paix avec toutes ces parties de toi qui viennent créer un « nous » plutôt qu'un « moi » (le moi est souvent l'ego). Plusieurs parties différentes coexistent en toi, et c'est souvent pour ça qu'on a des conflits intérieurs, parce que l'humain est une jolie contradiction et c'est Ok. Sur les réseaux sociaux, tu découvriras plusieurs façons de manifester (amour, argent, santé, etc., absolument tout), des « techniques » (tu peux même créer la tienne) que je veux bien te citer dans ce livre, car elles peuvent te guider. Mais la VRAIE façon de manifester est de se développer intérieurement, parce que finalement j'aurais beau te présenter mille et une façons, ce dont tu as vraiment besoin est de voir la vie autrement, de te connecter à ta goddess, d'avoir confiance en toi, de t'estimer, de te respecter, te chérir, de décrocher la lune pour toi-même. Tu as besoin de te défaire de toutes tes souffrances, et même si tu en vivras encore, de les vivre différemment, consciemment et en sachant poser tes limites. Toutes ces choses sont essentielles à la manifestation, tu ne peux pas juste décider de suivre une vidéo YouTube et l'appliquer le lendemain. Ce n'est pas comme un tuto maquillage, c'est d'une vie entière dont on parle lorsqu'on parle de développement personnel et de manifestation. Comme souvent, la technique de manifestation 3-6-9 (voir page 99) est très populaire, mais elle est « mécanique ». Tu as besoin de changer profondément ce que tu es, de manière interne. Tu as besoin de faire face à tes blessures intérieures, ton enfant intérieur, tout ce qui t'a brisée, détruite, tout ce qui t'a empêché d'être ta goddess intérieure. Tout ceci n'est qu'un effet domino, travailler sur tes blessures et donc faire ton shadow work, va faire augmenter ton état de conscience, qui lui va te pousser à vivre dans ton âme et donc à changer de vibration, de fréquence et naturellement attirer à toi ce à quoi tu crois profondément.

Tu peux manifester absolument sans aucune limite, la vie n'est pas parfaite, linéaire, comme je le disais dans le chapitre précédent, les émotions « négatives » ou les événements « négatifs » sont NÉCESSAIRES. On attire forcément à nous des choses moins bien, qu'on ne veut pas, la vie n'est pas un chemin tout droit composé uniquement de bonnes choses, c'est l'éveil spirituel et la conscience qui permettent de vivre cela différemment. Et même ces choses « négatives » qui viennent à toi sont parfois une leçon de vie dont tu as profondément besoin sans le savoir. Attends qu'une année entière se soit écoulée pour dire que ce que tu as vécu est vraiment négatif, car parfois c'est la meilleure chose qui te soit arrivée, n'oublie jamais ça. Par exemple, tu peux être amenée à croire que tu ne mérites pas l'amour, que tu n'es pas une femme confiante et forte, tout ça parce qu'un.e partenaire t'a brisé le cœur. Mais je peux t'assurer, qu'après cette relation, tu découvriras ta vraie valeur. Plus tard dans ce livre, nous parlerons d'amour, c'est tellement important !

Comme nous l'avons vu dans le chapitre précédent il y a des points indispensables pour pouvoir manifester comme : avoir une vibration haute, manifester sans ressentir le manque (développer ta gratitude), n'avoir aucun doute sur la maîtrise de ta vie, manifester en utilisant des verbes au présent pour ressentir comme si tu avais déjà tout ce que tu souhaites. Mais ce n'est pas tout. Il faut aussi lâcher prise sur tes manifestations, ne pas te sentir obsédée par ce que tu souhaites sinon tu vas créer le manque (tout est relié) et l'Univers va traduire ton message comme si tu n'étais pas prête à recevoir tes demandes, tu as donc besoin de lâcher prise. De toute manière on ne trompe pas l'Univers, si tu n'es pas prête, tu devras passer par des épreuves.

Les règles pour manifester

Fais ton shadow work, *step by step*.

★

Reprogramme ton esprit et tes croyances profondes.

★

Prends du temps pour vivre en conscience (méditation).

★

Manifeste en utilisant des verbes au présent même si consciemment tu penses au futur.

★

Ne sois pas obsédée par ta manifestation, lâche prise.

★

Agis comme si tu avais déjà l'objet de tous tes désirs, ne crée pas le manque.

★

N'oublie pas que sans émotion tu ne manifestes pas, tu dois faire appel à ton ressenti intérieur, éprouver l'euphorie provoquée par cette manifestation.

L'ÉMOTION

Dans cet ouvrage, je t'invite à vivre tes émotions différemment, en adoptant un autre point de vue que celui imposé par la société et ce qui nous a été inculqué. Une *spiritual bad bitch* ça pleure, et ça pleure beaucoup parce qu'elle n'a pas honte de ressentir ses émotions. Vis ce que tu ressens, même si c'est en bordel, on s'en fout que lundi tu pleures et mardi tu rigoles, vis à 100 %, ne laisse pas cette vie passer trop rapidement entre un café et un métro. Pleure, rigole et jouis sans arrêt. Promis ? Laisse tes émotions circuler en toi, laisse cette énergie bouger sans l'empêcher de passer à travers toutes tes cellules humaines. Ça tombe bien, car pour manifester tu as besoin de l'émotionnel. Tu as besoin de sentir cette chose bouger dans ton ventre, dans ton cœur, de ressentir l'euphorie, le bonheur, l'accomplissement que t'apporte cette manifestation.

C'est pour ça qu'utiliser l'orgasme est clairement une des techniques les plus profondes, car en plus de te (re)connecter à ton corps, ton yoni te permet de manifester. On verra en détail la masturbation dans un autre chapitre, mais je t'invite à écrire tes lettres pour l'Univers ou toute autre technique de manifestation avec l'émotion (que je décris plus loin dans le chapitre), mais si tu ne ressens rien, cela ne reprogrammera pas ton esprit.

LE LÂCHER-PRISE

Le lâcher-prise est une expression qu'on entend souvent, après une journée stressante, sur un sujet, et même sur une manifestation. Je trouve que le lâcher-prise doit se distinguer de l'abandon et de la résignation. Mais attention, ce n'est pas chose facile, c'est un acte conscient, et par essence, courageux. Cela nous met face à qui on est, et à notre profondeur. Être conscient c'est accepter de regarder ce miroir interne qui peut tétaniser n'importe qui. Il faut comprendre que le lâcher-prise est une obligation, même si on n'y arrive pas, notre corps va le faire pour nous. Imagine que tu as un travail que tu n'aimes pas, tu vas te forcer et rester là, mais un jour ton corps lâchera prise pour toi et t'obligera à laisser ce job derrière toi. En lâchant prise on a le sentiment de renoncer, de devoir laisser aller, ça peut créer un sentiment de frustration et c'est ce sentiment qu'il faut combattre en se disant : je prends cette décision de manière consciente. Il faut arrêter de croire que lorsqu'on laisse aller quelque chose on fait un deuil, on n'est pas en deuil, ce n'est pas parce qu'on a lâché quelque chose que cette chose meurt, elle reviendra vers nous à un moment plus approprié. Ou jamais. Le lâcher-prise a le même goût qu'un : « c'est Ok, je laisse ». Le lâcher-prise est quelque chose qui permet de passer à autre chose, à un autre niveau. Ce n'est pas la fin de quelque chose. La vie n'est pas une ligne remplie de DÉBUT et FIN. Ce n'est qu'une continuité. On croit souvent que la vie est faite d'événements, de personnes et qu'à un moment ça se termine. Pas du tout. La fin est un début, le début est une fin, la fin est une suite, le début est une suite. La vie est faite de suites, le lâcher-prise est un tremplin d'une suite à l'autre. *Trust the process.*

Ça me rappelle quelque chose que j'ai vécu. J'ai passé quatre années à l'université pour réaliser mon rêve de petite fille : devenir sage-femme. J'ai tellement souffert pour en arriver là, j'ai bossé des nuits sans relâche, j'ai vécu pour mes études pendant quatre ans, ma seule échappatoire c'était mon compte Instagram @amaltahir. En créant ce compte, je rêvais d'allier mon métier de sage-femme et la création de mon entreprise version *girl boss.* J'avais vraiment envie de réussir à combiner les deux. Je savais que c'était mon rêve profond. J'ai donc commencé mes études de sage-femme en 2016, j'ai donné de ma personne, j'ai essayé de faire ma place, j'ai passé des semaines aux toilettes à pleurer, j'étais constamment stressée, j'ai pris et perdu du poids en yo-yo, je n'avais le temps pour aucune autre activité, je me devais de réussir. Puis, en 2018, on m'a proposé d'écrire un livre. Je me suis donc écartée de mes études pour réaliser un de mes rêves. Pendant cette année, je me suis sentie épanouie, heureuse. Je me suis rendu compte à quel point j'aimais être à mon compte, avoir mon entreprise, étudier et parler de sexualité, je me suis aperçu que j'avais perdu la passion pour la grossesse, l'accouchement... Il faut savoir que j'ai subi du harcèlement durant mon stage, lors de ma quatrième année. Je voulais absolument continuer pour obtenir mon diplôme et rendre fière ma maman, plutôt que moi-même. Lors de mon année sabbatique, mon compte Instagram a évolué, ainsi que ma notoriété, ce qui déplaisait aux sages-femmes avec qui je travaillais.

Certaines d'entre elles ne me laissaient pas manger jusqu'à tomber dans les pommes, essayaient de me blesser, elles m'insultaient, me rabaissaient. J'étais arrivée à un point de non-retour. Je pleurais toutes les larmes de mon corps. J'avais envie de partir loin, j'en avais marre de voir ces toilettes d'hôpital où je laissais couler des centaines de larmes. Mon rêve était devenu mon cauchemar. En prenant le train pour me rendre à mon stage, je restais les yeux fixés sur les rails en me disant : « et si je saute, il se passe quoi ? ». Je rentrais chez moi, je me mettais dans mon lit et je fondais en larmes, je ne savais pas quoi faire. J'en étais arrivée à un point où je devais prendre des médicaments pour pouvoir dormir tellement je le vivais mal. Je détestais officiellement mes études. Je n'avais plus confiance en moi. Vous savez ce que j'aurais dû faire ? Lâcher prise. Mais je n'y arrivais pas, je n'avais pas envie de vivre ça comme un échec, comme une fin. Je me disais : « Putain Amal, tu as souffert pendant quatre ans, tu ne vas pas abandonner maintenant quand même ? Tu vas faire quoi de ta vie ? Influenceuse ? » En rabaissant sans cesse mon métier d'influenceuse, j'ai fini par croire que ce n'était pas un vrai métier, que cela ne me mènerait nulle part. Un jour, en regardant une vidéo YouTube, j'ai vu une publicité pour le métier de coach. Tout en continuant à regarder, j'ai fait mes recherches, je me suis inscrite à une formation et j'ai adoré. J'ai fini par faire une formation plus longue en sexualité.

Le lâcher-prise a un lien très fort avec la confiance en soi, quand tu as confiance dans la vie, en toi, tu peux réussir à lâcher prise. Non, ce n'est pas quelque chose de facile à faire. Non, ce ne sont pas des vidéos de cinq minutes qui vont t'apprendre l'art du lâcher-prise. Tu dois créer tout un système dans ton inconscient. Si tu es entrepreneuse, lorsque tu négocies un contrat, tu dois lâcher prise. Faire sentir à la personne que tu es tendue, sous pression, ne te permettra pas d'obtenir ce que tu veux, alors il faut te dire : « Si je ne l'ai pas, j'aurais autre chose demain ». C'est ça l'art du lâcher-prise profond parce que la personne va sentir que tu es zen et que tu as confiance en toi, en l'Univers et/ou Dieu. Et cette énergie, cette vibe, que les gens vont ressentir en toi de « je lâche prise » va te donner un charme naturel. Tu as confiance en toi, tu sais que ça va bien se passer et si ce n'est pas le cas, ce n'est juste pas pour toi.

ÊTRE AVEC SOI

Pour pouvoir manifester, je te conseille aussi de prendre du temps avec toi. Tu as besoin d'être seule, de t'accorder plein de moments, qui vont permettre de changer beaucoup de choses en toi, d'apprendre à te connaître, à te faire face. Non, ce n'est pas parce que tu vis avec toi-même depuis toujours que tu te connais parfaitement. C'est comme en lisant ce livre, tu as appris des choses sur toi, et pourtant cela fait une vie que tu es accompagnée par toi-même. C'est la beauté de la vie. C'est comme les blessures de l'âme, tu vas en découvrir certaines plus tard dans ta vie, parce qu'il faut aussi que tu sois prête à aller à leur rencontre. *Trust the process*. Tu as besoin d'être dans l'*overthink* envers toi, sur ce que tu veux, tu as besoin de faire de la marche consciente seule, de méditer, de manger et dormir seule, tu as besoin de ces moments. Parce que c'est dans les moments où tu es seule que tu auras envie de faire du journaling, écrire, scripter, parler, libérer tes émotions, tes rêves. Tu as besoin de ne plus avoir peur de toi. Tu as besoin d'être face à toi, car c'est lorsque tu es face à toi, que tes plus grandes peurs ressortent. Et cela arrive aussi avec des personnes, celles qui te « trigger » souvent te renvoient vers quelque chose que tu ne veux pas voir. La différence avec toi-même c'est que tu ne peux pas t'éviter et fuir. Certaines personnes détestent être seules, car c'est là qu'elles ont l'impression de devoir se « battre » contre elles-mêmes. Tu as besoin d'avoir un déclic et de comprendre qu'à aucun moment il n'est bénéfique de vivre « contre » soi, mieux vaut vivre avec soi, te battre avec toi-même pour toi-même. Tu n'es pas ton ennemie. Tu ne dois plus avoir peur de toi et de ton potentiel, souvent lorsqu'on veut manifester notre vie on ressent de la peur, « et si ça marchait vraiment ? » la plupart des personnes n'ont pas peur de l'échec, mais de la réussite. Le manque de confiance en soi peut aveugler une personne et la terroriser de réussir. Tu as besoin de te faire confiance pour tout dans la vie, et la confiance en soi n'est pas simplement « j'aime mon corps » non, tu as besoin de croire et faire confiance à ton intuition représentée par le point énergétique nommé « le troisième œil » dans les chakras. Tu ne dois pas faire taire ton intuition. Combien de fois ça t'est arrivé de savoir quelque chose au fond de toi, ne pas l'écouter, et te dire ensuite « je le savais » ? Écoute-toi, vraiment. Il faut avoir confiance en tes pensées, tes ressentis, ton émotionnel et ton physique suivra. Tu as le droit, normalise en toi le fait de changer d'avis, d'état de pensée, de revenir sur tes idées, sur une personne et/ou sur une chose. Tu n'es pas un être figé. On nous représente beaucoup trop la confiance en soi comme quelque chose de physique alors qu'il s'agit plutôt d'une capacité interne, l'humaine incroyable que tu es. Lorsque tu auras réussi à trouver la paix intérieure, et c'est à ça que je t'invite dans ce livre, tu découvriras de nouvelles façons de répondre au monde. Et tu vas ressentir ce changement en toi.

« THE SECRET OF YOUR FUTURE IS HIDDEN IN YOUR DAILY ROUTINE. »

10 choses pour protéger ta vibration

Ton self-care est une priorité.

★

Soit loyale envers ton intuition.

★

Lâche prise sur tout ce que tu ne peux pas contrôler.

★

Vis dans un équilibre entre le yin et le yang.

★

Fais de ton corps un lieu saint.

★

Ta foi est plus grande que tes peurs.

★

Éloigne-toi des gossips.

★

Ne te compare pas aux autres.

★

Libère-toi des pensées qui ne t'appartiennent pas.

★

Ton énergie est sacrée.

INSTALLER UNE ROUTINE

Toutes ces choses que je te présente sont des moyens de **self-care**. Tu vas enfin pouvoir prendre soin de ton corps énergétique, et pas uniquement de ton physique. Tu vas pouvoir comprendre des choses en toi, savoir comment t'entourer, comment dépenser ton énergie et la respecter. À la base, je n'aime pas parler de routine, car je trouve qu'avec l'influence de nos jours c'est devenu très utopique, très « vie parfaite d'Instagram ». Alors qu'en fait je souhaite te parler de routine self-care, de développement personnel. Tu entends souvent ce mot « développement personnel », mais il est tellement important. Tu te développes personnellement. Et pour ce faire, tu as besoin d'une routine, comme tenir ta liste de gratitude, entretenir tes lettres à l'Univers qui vont te servir de moyen de manifestation. Tu as besoin avant de manifester, de te sentir alignée et de l'être constamment. Une façon de se sentir bien est la méditation qui peut totalement faire partie de ton quotidien, même cinq minutes. La méditation permet de faire le vide dans ta tête. Mets une fréquence derrière toi et médite ; ferme les yeux, crée le silence en toi et laisse-toi porter par tes pensées. Les choses les plus importantes, stressantes pour toi vont faire surface pendant la méditation ce qui va te guider dans ton journaling. Si tu penses à une personne qui te met en colère, écris-lui une lettre de colère pour pouvoir te libérer émotionnellement. Si tu te sens triste pendant la méditation et que tu as envie de pleurer : pleure. Je sais que je peux en fâcher plus d'un·e qui estime que méditer ça se fait d'une seule et unique façon, mais pour moi, pas du tout. Il y a un cadre, mais tu peux en sortir pour méditer comme ta goddess en a envie. Pour moi, tu es TA spiritualité. Tu vas l'adapter à ton mode de vie. Tu as besoin de méditer parce que c'est une des seules manières de retrouver ce silence intérieur. Le silence est partout, derrière chaque bruit et chaque voix se cache le silence, à toi de le trouver. Et la méditation est pour moi une excellente manière de te retrouver seule, et d'installer tout doucement une routine self-care. Bien évidemment que tu as besoin de manger du chocolat quand tu es triste, on ne mange pas tout le temps parce qu'on a faim, on mange en fonction de nos émotions et c'est Ok tant que ce n'est pas dans l'excès (comme toute chose).

EN SAVOIR PLUS SUR LA MÉDITATION

J'ai commencé à méditer parce que c'était le bordel dans ma vie. Mes relations, mes choix de vie, mon mode de vie... Et dans ces cas-là on a deux choix : soit on se dit que c'est la faute au bordel extérieur de la vie, des gens, des situations, soit on décide que ce n'est la faute de personne, parce qu'on s'en fout, et on décide de regarder à l'intérieur de soi, et d'y trouver des réponses concrètes. Après la méditation, beaucoup de choses changent : notre façon de parler, notre apaisement, la gestion de la colère, de la haine, des disputes avec les autres. Les autres nous paraissent plus violents alors qu'on était exactement pareil avant. Il y a des impacts énormes. Après la méditation, on a envie de faire du sport, car on a envie de se défouler, après le sport, on a envie de manger en conscience, on a envie de baiser en conscience aussi. Une fois qu'on a goûté à cette paix intérieure, on a envie de la retrouver partout. Et la paix ne signifie pas ne plus jamais ressentir de la haine ou de la jalousie, mais la ressentir différemment. Il faut l'observer, sans se juger. C'est drôle parce que souvent on croit que les *spiritual bad bitch* ont toutes la même vie : bien manger, faire du sport, méditer. Mais en réalité, il y a tout un processus qui va te permettre de te rapprocher de ta goddess ; comme une spirale dans laquelle tu ne peux plus faire marche arrière et qui impacte toute ta vie.

Soyons honnêtes : la première fois que je me suis assise par terre pour méditer j'étais énervée, j'étais dans un chaos pas possible, je me posais mille questions. Je n'étais pas du tout une personne apaisée. C'est tout doucement, dans mon éveil spirituel, pas après pas, que j'ai compris plein de choses. Quand je me rappelle de mon état la première fois ça me fait sourire, parce que j'avais tellement de colère en moi, et je suis heureuse d'avoir ressenti cette colère et d'avoir été cette personne. Sans cette colère je ne pourrais pas apprécier la goddess que je suis aujourd'hui. La méditation est un art, chaque année des centaines d'études prouvent ses bienfaits. La méditation a un but premier : vivre le moment présent. Comme je te l'ai expliqué plus haut, nous vivons souvent dans le passé, nous avons l'habitude de nous retourner pour nous juger, nous critiquer ou imaginer le futur, et on passe constamment à

côté du présent. Je parlais à une amie de la ligne du temps, du passé, du présent. Et elle m'a souri en me disant qu'en tant que chrétienne elle connaissait une histoire. Dieu demande à des personnes vivant dans un village de partir et de ne plus jamais se retourner, car il allait tout détruire. La femme d'un des villageois décide quand même de se retourner pour regarder derrière elle : elle se transforme alors en statue. Je ne suis pas ici pour parler de religion ou en débattre, mais cette histoire m'a marquée, car à chaque fois qu'on se retourne vers le passé pour y vivre à nouveau on se bloque et on devient comme une statue de marbre.

La méditation permet de **vivre** dans le moment **présent**. On conseille souvent lorsqu'on débute cette pratique, et ça m'a personnellement aidée, de se focaliser sur la flamme d'une bougie, ou un objet, mais sans la suranalyser pour que cela n'occulte pas nos pensées. Pour apprendre à faire ça, il faut du temps, et c'est Ok. Au moment de la méditation, nous ne sommes pas vraiment envahis par des centaines de pensées, mais cette sensation provient du fait que nous nous rendons compte de cela à ce moment précis. On le réalise juste pendant la méditation. Lorsqu'une pensée qui appartient au passé ou au futur vient perturber ta méditation, tu as vraiment besoin de te reconcentrer sur ta respiration et sur l'instant présent. Il ne faut absolument pas refuser quelque chose, une pensée, des émotions, il faut juste prendre de la distance. Si tu ressens de la haine, dis-toi que cela ne te définit pas entièrement.

La méditation va avoir des impacts dans ton quotidien, dans ta façon de réagir face aux choses. Elle va te permettre de prendre du recul instinctivement, de t'analyser comme si tu étais quelqu'un d'autre, sans te juger. Ne plus juger tes émotions, te sentir mal de ressentir et juste savoir accueillir ce qui vient à toi. En la pratiquant régulièrement, la méditation va t'apprendre tout ça. Comme je le dis plus haut, il arrive de pleurer, de s'effondrer pendant la méditation, mais ne soit pas trop dure avec toi-même. Les débuts sont compliqués, car tu sais que tu vas te retrouver avec tes centaines de pensées qu'habituellement tu arrives à supprimer, juger, en parler à tes ami.e.s, alors que dans ce cas tu vas devoir juste les accepter, les accueillir, sans les juger. La méditation est une façon d'y voir plus clair, d'avoir l'esprit plus clair.

L'ÉQUILIBRE ET L'ALIGNEMENT

Cinq minutes d'angoisse et notre corps aura besoin de cinq heures pour éliminer le cortisol produit. Si on fabrique du cortisol, on va aller chercher la DHA (autrement dit des oméga 3 qui constituent nos cellules nerveuses et jouent un rôle dans la mémorisation). Bref, les hormones c'est un sujet compliqué, mais c'est important. Toute hormone déclenche quelque chose dans notre corps, nous sommes un équilibre. Le monde, l'Univers, les planètes ont besoin d'équilibre. Nous sommes en équilibre. Tout se compense constamment. Comme le yin et le yang que je développerai dans le chapitre suivant, car c'est un concept à comprendre pleinement pour accéder paisiblement au monde. Les muscles sont de l'équilibre, notre statique est de l'équilibre. Et c'est un sujet extrêmement important.

Tu vas devenir la goddess que tu souhaites être, mais parfois tu seras énervée, tu vas tout casser autour de toi, tu avanceras en ayant l'impression de faire des pas en arrière, notamment dans ta prise de conscience. Ce n'est pas grave. Eh oui, ça va être dur. Vivre en conscience n'est pas une garantie à vie, l'Univers/Dieu te mettra toujours à l'épreuve, constamment. Tu seras dans des phases *down*, mais accepte-les. Tu vas travailler sur des croyances limitantes et quelques semaines ou mois plus tard d'autres vont pointer leur nez. Eh oui, c'est comme ça. Tu dois accepter cet équilibre de ta vie, composé de blanc et de noir, de pluie et de soleil.

Mais répète-toi tous les jours : « Je suis exactement où je dois être », même si cette place ne te convient pas, que tu n'y es pas pour une bonne raison. C'est pour moi la meilleure façon d'être alignée et équilibrée.

L'INTENTION

Avant de manifester, méditer, faire une séance de yoga, manger, faire l'amour, peu importe, apprends à poser une intention sur ce que tu fais. Par exemple, si tu décides d'écrire une lettre de colère à une personne, pose l'intention : « J'écris cette lettre de colère pour pouvoir me libérer de ce que je ressens ». Les lettres de colère sont clairement des lettres remplies de haine, de tout ce que tu penses au fond de toi, d'une situation, d'une personne... Dans ces lettres, je t'invite à écrire et décrire dans les moindres détails, tout ce que tu ressens sans filtre. Ensuite, brûle-la et regarde-la pour laisser partir la colère, ça te permettra de laisser circuler toutes tes émotions. Parfois, on fait aussi face à une rupture, mais comme l'être humain ne ressent jamais UNE SEULE émotion face à une situation et/ou une personne tu auras peut-être aussi le besoin d'écrire une lettre d'amour, et c'est Ok. En tout cas ce que j'aimerais que tu changes dans ta vie c'est poser des intentions. « Je prends cette douche pour éliminer les énergies négatives », « je mange pour être en bonne santé », pose constamment des intentions dans tout.

ATTENDRE PLUS POUR ÊTRE CE QUE L'ON VEUT ÊTRE

Tu es déjà cette femme-là dans un autre cadre spatio-temporel. Bah oui goddess, si tu as tout bien suivi tu sais que tu ne dois avoir aucun doute sur ton avenir, tu t'en remets a l'Univers/Dieu, et ta confiance en toi. Tu vas aligner tout ça pour que ce que tu désires au fond de toi arrive tout simplement. Mais pour ça, tu ne dois plus attendre demain ou quelques années. Prépare-toi déjà à être la femme que tu veux être. Car si tu regardes la ligne du temps en te disant que dans cinq ans tu seras cette femme-là, tu l'es déjà, puisqu'elle vit déjà en toi, donc agis, réfléchit, aime, pleure, habille-toi, mange comme cette femme que tu as envie d'être. Il ne faut pas spécialement avoir de l'argent pour pouvoir être la femme que tu veux être dans cinq ans. Comment parle-t-elle aux gens ? Quelle est sa *morning* routine ? Comment mange-t-elle ? Toutes ces choses ne paraissent pas importantes, mais en fait si, puisqu'elles te mettent dans l'état d'esprit de ce que tu as vraiment envie d'être. Moi par exemple, je me disais que la femme que je voulais être avait un mode de vie sain, qu'elle faisait du sport, qu'elle bougeait, qu'elle se connectait à la nature, elle s'habillait comme elle voulait, elle était entourée de gens super inspirants. Et tout doucement j'ai commencé à rajouter des habitudes dans ma vie : lecture, sport, nourriture et ainsi de suite. C'étaient des choses qui ne me demandaient pas spécialement un coût financier, mais un coût en termes d'esprit. La vraie question c'était : est-ce que j'ai encore peur de me révéler ? Parce que généralement c'est ça qui te freine pour laisser sortir ta goddess. C'est de se dire qu'elle va te faire gagner confiance en toi, elle ne va plus te permettre de te regarder avec un œil méchant, te juger, te détester. Et malheureusement, le fait d'être horrible avec nous-mêmes c'est souvent quelque chose de rassurant. Se rabaisser, se cacher, ce sont des habitudes humaines qui nous protègent. Je le dis souvent, les gens n'ont pas peur du processus, beaucoup de personnes sont prêtes à tout pour réaliser leurs rêves et devenir la personne qu'elles sont vraiment au fond d'elles, mais ce qui leur fait peur c'est qu'inconsciemment elles savent que ce travail va leur demander de se confronter à leurs plus grandes peurs. Alors clairement, pour relever ta goddess, es-tu prête à affronter ces abandons, ces « échecs » amoureux, amicaux, ces déchirures, ces blessures au fond de toi ? Car c'est la seule et unique façon de venir révéler ta goddess et de pouvoir être celle que tu es déjà, mais au fond de toi, la différence est qu'elle vient se montrer à la surface. Le besoin que tu as est certes d'apprendre de nouvelles choses, mais aussi de désapprendre. Désapprendre demande une énorme capacité à laisser derrière soi, à déconstruire, donner un coup fort comme dans un château de sable et tout faire s'écrouler, tout reprogrammer à zéro. Et tu n'es pas encore celle que tu veux vraiment être aujourd'hui c'est que ton état d'esprit n'est pas aligné avec celui de ta femme idéale (qui est déjà en toi).

Décris-moi la journée type de ta goddess.

LE SELF-LOVE

La confiance en soi est un sujet que j'adore, que j'ai déjà abordé dans mon premier livre. C'est un réel médicament pour beaucoup de maux. Mais il faut savoir aussi accepter que ce ne soit pas constant. Ce n'est pas s'aimer tout le temps, c'est aussi savoir rentrer dans cette acceptation des émotions. Tu ne te sens pas bien dans ton corps le lundi matin, ce n'est pas pour cela que tu n'as aucun self-love ou aucune confiance en toi. À ce moment précis tu as un moment de non-amour de toi, ça arrive et c'est totalement Ok. Ce n'est pas parce que tu es sur la voie du self-love (et crois- moi que tu seras sur cette voie toute ta vie, on arrive jamais au bout du chemin et tant mieux) que tu vas tout prendre positivement, non c'est laisser l'énergie des émotions nager, bouger en toi. Le self-love n'est pas une finalité, ce n'est qu'un moyen. Ce que tu gagnes sur ce chemin t'appartient, personne ne peut te l'enlever. Tu ne recules pas, tu t'assois, tu t'observes et tu t'acceptes. Continue à prendre du temps pour toi, jusqu'à ce que tu te retrouves. Et tu vois, tout ce processus que tu es en train de vivre, découvrir ta goddess, te sentir alignée avec tes émotions, tes choix, ne sois pas pressée, apprécie et donne de l'amour au processus que tu es en train de vivre. Généralement lorsque quelqu'un sent qu'il manque de confiance en lui, il va directement penser à son physique « je suis trop grosse », « je suis trop maigre », laissons derrière nous tous ces standards de beauté surhumains créés par l'influence d'Instagram et de la télé-réalité, c'est totalement absurde de croire qu'on peut avoir ces corps-là, ce ne sont pas de vrais corps. Ce sont des corps créés par des chirurgiens. C'est Ok d'accéder à la chirurgie, ce n'est pas grave, mais rends-toi compte que cela ne t'appartient pas, le corps d'une personne n'est pas plaisant pour tout le monde, chacun son corps, son enveloppe corporelle. La société nous apprend à faire tellement pour notre corps physique. Mais et notre corps énergétique ? Est-ce que tu dois poser des intentions pour ce corps énergétique ? Bien sûr que oui ! Si tu décides de faire du sport, arrête de te dire « je fais ça pour maigrir ou me muscler », dis-toi que tu le fais aussi pour ton mental, pour ta santé, pour le plaisir. Le self-care c'est surtout faire des choses pour ce corps énergétique, qui parfois paraissent dures, mais qui au moins ne sont pas éphémères, elles resteront en toi à vie.

TECHNIQUES DE MANIFESTATION

À ce point du livre, ma chère goddess, tu te demandes à quel moment je vais te parler concrètement des techniques de manifestation, ou peut-être que tu as déjà compris que tout le reste était tellement plus important, que l'alignement et l'ancrage étaient plus élémentaires que « suivre un rituel de manifestation » que tu as lâché prise. Oui, tu vas certainement les utiliser, mais avant tout, tu vas changer ta façon de ressentir les émotions, vivre, profiter du moment présent et lâcher prise. Si tu as compris ça, alors oui, je pense que ces techniques vont vraiment t'apporter quelque chose, mais si tu n'es pas prête à travailler sur toi et que tu veux juste les appliquer : prends le temps de t'analyser. Je vais te présenter les techniques de manifestation que beaucoup d'experts en loi de l'attraction présentent, que j'utilise et qui marchent pour moi, et je suis à présent équilibrée dans ma vie. Aujourd'hui j'utilise quotidiennement le scripting, la méditation et la visualisation. C'est pour moi les meilleures choses, car en dehors de pouvoir manifester, elles me permettent de m'aligner de plus en plus. Je vais vous citer d'autres techniques de manifestation, mais je veux vraiment que vous soyez conscientes que sans faire le travail sur vous, sans faire ressortir votre goddess intérieure, sans travailler sur vos énergies, vos chakras, ces techniques ne fonctionnent pas.

Pour avoir la vie que tu veux, tu vas devoir travailler sur celles que tu ne veux plus.

LA VISUALISATION

C'est une de mes techniques préférées, elle me correspond totalement. Après avoir médité et donc avoir aligné mes pensées et mes émotions, j'adore allumer du palo santo, de la sauge et profiter de ce moment au soleil ou à l'air frais pour visualiser. Je trouve que la visualisation aide énormément à reprogrammer son esprit, on en a tous besoin quand on débute dans le développement personnel. En visualisant, on se concentre sur nos nouvelles croyances ce qui permet de repousser au loin les croyances limitantes profondes. Tu as besoin de visualiser les images, ressentir les émotions de ta manifestation. Ça te ferait quoi d'obtenir le job de tes rêves ? Qu'une certaine personne te contacte ? Visualise les détails, les émotions. Tu contacterais qui pour lui annoncer en premier ? N'oublie jamais que la pensée et les croyances sont créatrices de la vie, ressens l'enthousiasme que cela te procure. N'oublie pas que la visualisation est tellement forte que dans un conflit mental elle gagne toujours.

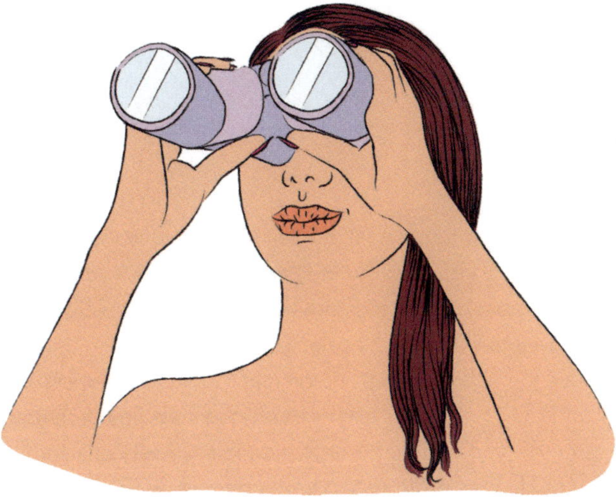

Les points importants de la visualisation

Toute idée que l'on a dans l'esprit tend à devenir une réalité dans le domaine du possible.

★

L'intensité de la visualisation est proportionnelle à l'enthousiasme qui l'accompagne. Un but étant posé, l'esprit va tout faire pour le réaliser.

★

Chaque fois qu'il y a un conflit entre la volonté (mental) et l'imagination (subconscient), c'est toujours l'imagination qui va l'emporter.

★

La visualisation doit être acceptée au plus profond de soi : il faut répéter régulièrement les séances de visualisation.

LE *VISION BOARD*

Le *vision board* fait totalement partie de la visualisation. Je dis souvent qu'il se trouve entre la visualisation et les « subliminaux », qu'il regroupe les deux. Les subliminaux c'est une technique que je vais te développer plus bas, mais en gros ça vient stimuler et parler à ton subconscient. Le vision board a un impact sur ton subconscient, notamment lorsque tu le laisses pas loin de tes yeux toute la journée. Je trouve aussi que c'est une technique de manifestation qui aide énormément à reprogrammer le subconscient. Et je dois l'avouer c'est une de mes préférées, car elle permet de faire un travail sur tes croyances profondes et pas uniquement en surface. C'est une technique qui a des impacts à long terme sur toi. Le *vision board* c'est très simple, tu prends un grand carton (ou tout autre support), tu le coupes et tu viens imprimer des photos de ce que tu aimerais avoir/être dans ta vie. Tu colles le tout et tu le gardes pas loin de toi pendant des semaines, des mois. Tu le prends aussi pendant ta méditation, tu l'observes et tu laisses les émotions t'envahir. Je l'ai fait avec une amie, du coup pendant qu'on collait les photos on se racontait dans les détails : pourquoi cette photo, ce qu'elle provoquait en nous... Et ça, c'est aussi de la manifestation, discuter de tes rêves en expliquant tout ce qu'ils représentent avec tes ami.e.s, c'est magique. Ça te fait ressentir les émotions, et sans émotion, tu ne peux pas manifester. Tu as besoin de ressentir. Qu'est-ce que ça provoque en toi d'avoir le job de tes rêves ? De décrocher un contrat ? D'avoir l'appartement que tu veux ? Ressens les émotions dans toutes tes manifestations.

« IF YOUR DREAMS DON'T SCARE YOU, THEY ARE TOO SMALL. »

LE SCRIPTING

Écrire sur un carnet, une feuille, écrire comme si on avait déjà la chose qu'on souhaite. Le scripting n'a aucune limite, je vais faire comme si ma manifestation était déjà là. Plus il y a de détails, plus on arrive à lâcher prise. Il n'y a pas vraiment de règles, il suffit d'écrire et de lister tes manifestations. Je te conseille d'avoir un journal dédié à ça, et même un stylo habituel. Écrire, écrire, écrire pendant des minutes, tout ce que tu voudrais dans les moindres détails. Par exemple si tu souhaites acheter un appartement, une maison, comment tu la voudrais, la superficie, le nombre de chambres, le prix, la couleur. TOUT.

LA LETTRE À L'UNIVERS

La lettre à l'Univers c'est également une de mes techniques de manifestation préférées. À la différence du scripting où tu viens d'écrire à une amie, à toi-même, ici tu commences clairement par écrire « Cher Univers, ». Une autre différence avec le scripting est que cette lettre n'est pas à écrire dans ton carnet habituel, mais sur une feuille volante que tu vas ranger et oublier plus facilement. Tu dois vraiment te sentir comme à Noël ou à ton anniversaire, tu sais pertinemment que tu auras des cadeaux, tu es excitée, mais tu n'es pas dans la peur de ne pas avoir tes cadeaux. Tu sais qu'ils arriveront, car ils sont à toi, c'est cette sensation dont tu as besoin de retrouver pendant tes manifestations.

LA MÉTHODE DES 17 SECONDES

Selon Abraham Hicks, 17 secondes, c'est le temps nécessaire pour atteindre ce qu'on appelle le « point de combustion ». Cela signifie qu'après 17 secondes de pure pensée, tu attireras une autre pensée de vibration similaire. Avec cette technique tu vas penser à quelque chose intensément pendant 17 secondes, tu vas la visualiser pendant 17 secondes et puis tu vas répéter ça plusieurs fois pendant 17 secondes.

LA MÉTHODE 3-6-9

La méthode 3-6-9 est une technique qui t'invite à écrire le matin 3 fois ta manifestation, l'après-midi 6 fois et le soir 9 fois. Je vais te donner un exemple.

1. Appartement
2. Appartement
3. Appartement

J'ai l'appartement de mes rêves. (6 fois)

Je vis dans l'appartement de mes rêves. (9 fois)

L'AFFIRMATION SOUS L'OREILLER

Ça, c'est une technique de manifestation que j'adore, elle marque vraiment ton subconscient. Tu écris une affirmation « je m'aime », « j'attire à moi le job de mes rêves », etc., et tu la mets sous ton oreiller. Je trouve ça tellement réel et surtout fun, ça permet de lâcher totalement prise et je la conseille souvent à mes coachées. Au final, quand tu dors c'est le meilleur moyen de ne pas y penser non ?

LES SUBLIMINAUX

Les messages subliminaux sont des messages qui passent rapidement, que l'on écoute régulièrement sans s'en rendre compte (ou que l'on visualise quotidiennement comme dans le cas du vision board). Ils vont être absorbés de manière subconsciente, sans même le ressentir. Il n'y a que votre subconscient qui va l'absorber, car le message est peut-être trop discret pour votre conscience, c'est ce qu'on appelle une manifestation passive, parce que vous n'avez rien à faire, vous pouvez même travailler et continuer votre vie. Ce sont des bandes-son et derrière il y a des affirmations que votre subconscient va comprendre. En anglais, en français, peu importe. J'aime les subliminaux, car ils reprogramment également le cerveau, ils fonctionnent un peu comme l'effet placebo pour les médicaments. Tout doucement ces messages vont s'ancrer. Dis-toi que dans tous les médias, la télé, les réseaux sociaux se cachent des subliminaux, partout, vraiment partout. Et soyons honnêtes généralement ce ne sont pas des subliminaux positifs. Si tu as écouté des subliminaux positifs pour manifester, tu vas être plus sensible à ceux de la publicité. Il faut également faire attention aux subliminaux que l'on trouve sur YouTube, parce que certaines personnes sont malsaines et cachent des messages négatifs. Sois sûre de la personne que tu écoutes. Si tu écoutes des subliminaux pour avoir confiance en toi, fais semblant d'avoir confiance en toi. Ou utilise-les en fond pendant que tu fais ta visualisation ou ton scripting.

MANIFESTER L'ARGENT

J'aime parler d'argent. C'est important, l'abondance aussi c'est important. L'intelligence financière et plein de points qui se cachent derrière le simple mot « argent ». L'argent est une énergie comme toute chose, et comme je dis à chaque fois l'énergie ça s'attire ou ça se repousse. Avant de vouloir manifester de l'argent, ce qui est extrêmement important selon moi ce sont les deux points suivants : l'intelligence financière et la relation à l'argent. L'intelligence financière nous permet de gérer l'argent de la meilleure façon possible et la relation à l'argent c'est comment on se sent concernant cet aspect de notre vie. Souffres-tu d'angoisse financière ? Peur de l'argent ? Peur d'en gagner ? Peur d'en perdre ? C'est le moment de travailler ces peurs, savoir d'où vient ta peur vis-à-vis de l'argent. C'est important et essentiel.

Cite 3 pensées limitantes vis-à-vis de l'argent.

1. ....

....

2. ....

....

3. ....

....

Penses-tu que tes parents ont influencé ta relation à l'argent, si oui décris ici le *mindset* qu'ils t'ont appris vis-à-vis de l'argent.

....

....

....

....

....

L'intelligence financière est quelque chose à développer, par exemple, imaginons que tu reçois un salaire. Tu assumes tes responsabilités financières telles que loyer, crédit, factures et après comme la plupart des personnes tu te dis « je vis ma vie et puis je mets de côté », non. Tu dois faire l'inverse. Tu mets d'abord de côté et tu vis avec le reste, tu seras obligée d'adapter ton mode de vie à tes économies. Et lorsque tu décides de transférer 200 euros pour les mettre de côté pose une intention vis-à-vis de ces 200 euros : « je les mets de côté pour ma future voiture, maison ».

L'argent et se sentir méritante de gagner de l'argent sont deux concepts différents à travailler dans la vie. Tu as l'argent qui est clairement le billet, ou le chiffre sur ton compte bancaire et puis tu as, comme la plupart des personnes, le besoin de te sentir méritante. Parfois tu vas attirer à toi de l'argent par ton travail, ta passion, ton temps et parfois tu penseras ne pas en mériter autant, mais si ! Tu mérites l'argent qui vient à toi, accepte-le. Ne te coupe pas de la loi de l'abondance. L'argent est souvent présenté comme l'opposé de la spiritualité. Je me suis souvent dit : « Non Amal tu n'es pas spirituelle si tu aimes le luxe, la dolce vita » et j'en passe. J'ai beaucoup réfléchi sur le sujet en me disant :

« mais en fait l'argent est une énergie et en plus d'être une énergie il contient plein de sous-catégories ». L'intelligence financière, l'identité de richesse. Le fait d'avoir de l'argent ne change rien, tu dois ÊTRE l'argent, si tu pars du principe que tu décides d'incarner l'abondance, tu es l'abondance, tu es abondante d'amour, de travail, de passion, de relations saines et qui te poussent vers le haut, tu porteras sur toi cette abondance et tu vas attirer l'argent à toi.

La spiritualité n'est l'opposé de rien, arrêtons de croire que pour être spirituelle tu dois tout faire parfaitement, méditer tous les jours, parfois je ne médite pas pendant dix jours et ce n'est pas grave. L'Univers ne te regarde pas comme si tu étais à l'école « oh elle n'a pas médité, pas d'abondance » pas du tout, sors-toi tout ça de la tête. Tu as juste besoin d'incarner ta goddess, à ta manière. Fais la paix avec l'argent, l'argent permet une certaine liberté, une certaine expansion qu'on ne peut pas renier, et tu dois être à l'aise avec cette énergie financière. Tout en gardant en tête que ce n'est pas l'argent qui te rendra riche, la richesse c'est encore autre chose. La richesse de l'âme, du savoir attirera à toi aussi la richesse de l'argent, tout est relié. L'argent ce n'est pas que des billets de couleur différente, c'est aussi le résultat de ta confiance en toi, de ta prise de risque, de ta passion et de ton courage. Bénis l'argent qui est sur ton chemin sans le repousser et donne un but à ton argent.

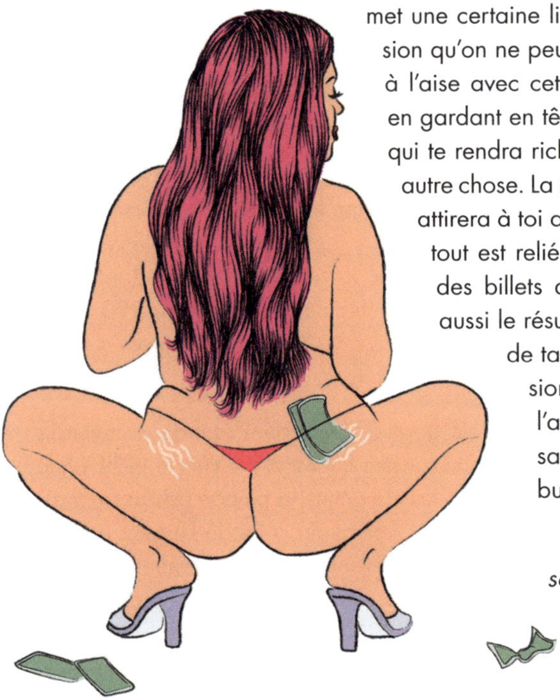

L'abondance et la richesse sont deux choses que tu vas incarner. Pas posséder.

Manifester de l'argent – les règles d'or

Développe ton intelligence financière.

★

Deviens le symbole de l'abondance.

★

Enrichis ton âme et ton esprit.

★

Deviens une richesse.

★

Parle correctement de l'argent, sois à l'aise d'en parler.

★

Traite correctement l'argent.

★

Sois généreuse, tu donnes, tu reçois.

★

Donne un but à ton argent.

★

Ressens la gratitude de l'argent.

L'argent selon Alexina @thevibrationgoddess

L'abondance, l'argent, la prospérité… eh la la ! L'argent est l'une des choses les plus incomprises parce qu'elle est chaotique, mystérieuse et dans le flow.

Pour moi, l'argent c'est quelque chose avec une énergie féminine avec laquelle on doit avoir une relation et être ouverte à recevoir. D'un autre côté, il a aussi son énergie plus masculine parce qu'on doit avoir une certaine structure avec lui. Je suis tellement honorée qu'Amal m'ait fait une place dans son livre pour que j'ouvre mon cœur et pour que je puisse partager ma vision avec vous !

Je suis Alexina, aussi connue sous le nom de « The Vibration Goddess ». J'aide les femmes à reconnecter avec leur goddess intérieure, reprendre leur pouvoir personnel et manifester la vie de leurs rêves.

Pssst, tu peux me retrouver sur Instagram, Tiktok, Youtube et en podcast avec le nom The Vibration Goddess.

L'argent a toujours été quelque chose qui me fascinait, m'obsédait presque même, et qui me fait vibrer à l'intérieur depuis que je suis toute petite. Je voulais en avoir tout plein, je voulais être riche et célèbre, ça a toujours été mon rêve de jeunesse. C'était facile de voir la vie en rose et de désirer l'impossible : quand on est jeune, on a aucune programmation, aucune limite... Rien ne peut nous arrêter. Mais plus on vieillit, plus on absorbe les croyances, les limitations, les discours, les peurs des gens que l'on côtoie.

Ces croyances, limitations, discours et peurs deviennent les dogmes avec lesquels on forge notre vie, notre réalité. C'est ce qu'on traîne péniblement avec nous dans notre cheminement. Si on ne se rend pas compte de ces limitations, on vit une vie limitée, stagnante où tout semble jouer contre nous. Pourquoi ? Parce que nos dogmes sont comme notre programmation, comme notre disque dur. Sans même s'en rendre compte, on vit selon ces règles qu'on s'impose et qu'on accepte comme étant notre réalité.

Mais toi, goddess, tu es différente. Tu es différente parce que tu lis ce livre aujourd'hui. Tu es différente parce que tu réalises que tu désires plus et que tu mérites plus. Tu es différente parce que tu es prête à aller voir ces dogmes qui sont incrustés dans ton subconscient pour les questionner et apprendre à naviguer dessus. Tu es différente parce qu'en achetant ce livre, tu es prête à rencontrer ta goddess intérieure et à l'honorer.

Ce que j'aime chez Amal et la raison qui m'a décidée à prendre part à son livre est que nous avons la même vision de la femme, de la spiritualité, de la sensualité, de la sexualité, de l'argent…

À mon avis, nous sommes toutes, déjà, des goddess, mais nous l'avons oublié. C'est quoi une goddess ? C'est une femme puissante, abondante. Une femme qui honore sa sensualité, sa sexualité, sa croissance personnelle. Une femme qui pense aux autres, oui, mais à elle en premier. Une femme qui se fait plaisir, chaque jour. Une femme qui se respecte. Une femme qui sait ce qu'elle aime et qui honore ses désirs.

Une autre chose que j'aime chez Amal est qu'elle assume qui elle est au travers de sa spiritualité ; quelque chose que j'ai appris à faire il y a un an.

Souvent, quand les gens vivent leur éveil spirituel, ils se mettent à tout renier dans leur vie : leurs désirs, leurs préférences, ce qu'ils aiment. Pourquoi ? Parce qu'ils sont maintenant spirituels et la spiritualité définit qui ils sont. Je le sais parce que j'ai déjà été là moi aussi.

J'avais ma goddess intérieure qui voulait du luxe, de la richesse, de l'abondance, être dans l'overflow, vivre des expériences 5 étoiles et mon ego spirituel rejetait absolument tous ces désirs parce que « ce n'était pas spirituel d'aimer l'argent et le luxe ». Ugh.

À la seconde où j'ai mis mon ego spirituel de côté pour enfin réaliser que la spiritualité, dans le fond, c'était seulement apprendre à me connaître et honorer mon âme, lorsque j'ai compris cela, ma vie a changé du tout au tout. J'ai commencé à l'honorer, à honorer mes désirs et j'ai commencé à manifester plus d'abondance que j'aurais pu croire possible, plus d'argent, plus d'opportunités, plus de plaisir, plus de connexions, plus de bonheur...

L'argent est souvent vu comme quelque chose de mal, de diabolique… mais selon qui ? Pourquoi ? Nous sommes abondantes parce qu'on est nées. Nous méritons la prospérité, c'est notre droit de naissance et l'argent est seulement une manifestation physique de ce fait.

On s'est fait dire par nos parents, par la société, par des gens que l'argent c'était mal.

« Ouais, mais ils disent que l'argent c'est mal et que c'est mal d'en désirer. »

C'est qui ça, « ils » ? Qui sont ces gens-là ? Et qui sont-ils pour te dire ce que tu as le droit d'aimer ou pas ? D'avoir ou pas ? De désirer ou pas ?

Leurs croyances, leurs dogmes n'ont pas à être les tiens, goddess, et c'est ce que je veux que tu incarnes et comprennes à partir d'aujourd'hui.

On doit apprendre à aimer l'argent et l'attirer. On doit s'habituer à sa présence dans notre vie. La réalité, goddess, est que tu es née abondante et méritante de tout ce que tu désires.

Je veux te faire réaliser que tu es plus puissante que tu ne le penses. Je veux t'aider à cultiver l'énergie de l'abondance et la soutenir pour qu'elle ne te glisse pas entre les doigts. Changer tes croyances et cultiver l'abondance, c'est le travail d'une vie.

Les croyances que tu as face à l'argent aujourd'hui ne partiront pas demain. Mais tu peux te donner comme mission d'apprendre à naviguer dessus et à les questionner chaque jour. Quelles croyances te servent vers la vie que tu désires avoir ? Quelles croyances te limitent ?

Ce que j'aimerais t'amener à comprendre, goddess, c'est que l'argent, c'est de l'énergie. Tout dans ta vie est de l'énergie. Pour pouvoir manifester et attirer plus d'abondance dans ta vie, tu dois aussi comprendre que l'énergie (de l'argent) est créée au travers de tes émotions, tes pensées, tes mots, tes visualisations, ton imagination et avec tes intentions. C'est un travail interne que tu devras apprendre à cultiver et sur lequel tu devras naviguer constamment.

Quand tu es capable de créer la vibration de « plus d'abondance et d'argent dans ma vie » à l'intérieur de ton corps grâce à l'énergie que tu décides consciemment de créer, il sera alors plus facile d'en créer dans ta réalité.

Les opportunités vont venir à toi. De l'argent inattendu va venir dans ta réalité…

Tu dois d'abord être ouverte à l'abondance et réaliser que tu es méritante, maintenant. Pas parce que tu en fais plus, juste parce que tu es.

Tu dois être avant d'avoir. La question n'est pas de savoir si tu es prête à en « faire plus » pour attirer ce que tu désires. La question est : es-tu prête à devenir plus ?

Es-tu prête à plonger et aller voir qui tu es face à l'argent ?

Es-tu prête à aller voir de quoi tu as peur vis-à-vis l'argent, sans te mentir ?

Es-tu prête à développer une relation saine avec ton argent et la traiter avec amour ?

Es-tu prête à voir où tu ne t'es pas pardonnée ou n'as pas pardonné aux autres sur des situations concernant l'argent ?

Es-tu prête à t'avouer ton discours face à l'argent et voir qu'il ne te sert pas à créer la réalité de tes rêves ?

Es-tu prête à naviguer parmi tes émotions face à l'argent et de te donner comme mission de soutenir une vibration d'abondance et de prospérité ?

Comme je l'expliquais au début du chapitre, l'argent est quelque chose de très mystérieux que l'on doit toutes aborder différemment. Il n'existe pas une seule façon de fonctionner qui marche pour tout le monde.

C'est pareil pour une relation amoureuse ou amicale : elles sont toutes différentes. Et l'argent est en quelque sorte similaire à une relation…

Imagine avoir une amie ou un partenaire qui est ultra excité de te voir, qui t'accueille à bras ouverts, mais quand vient le temps de partir, il ou elle explose de rage, de tristesse, de colère et te fait la plus grosse crise du siècle. Perso, je ne voudrais plus revoir cette personne. Bye bye la toxicité !

J'ai une nouvelle pour toi, goddess : avec l'argent, c'est la même chose. Si tu agis de la même façon avec l'argent, il ne viendra pas. Si tu le célèbres quand il vient à toi mais tu paniques quand il quitte ton compte de banque, tu es dans une énergie de manque et non d'abondance.

Ce qui m'a vraiment aidée avec l'argent, c'est de le voir comme de l'oxygène. Quand je respire, je ne retiens pas ma respiration par peur de manquer d'air. J'inspire et j'expire également parce que je sais qu'il va toujours y avoir de l'oxygène à ma portée.

Pourquoi ne pas avoir cette énergie autour de l'argent également ? Une énergie d'abondance et de certitude.

Le fait d'incarner notre goddess intérieure est de reconnaître tout ça.

Tu as littéralement une bible dans tes mains qui va te permettre d'incarner ta version de ta goddess intérieure.

Peut-être que le luxe, la richesse, les expériences 5 étoiles ce n'est pas ce qui t'allume et te fait vibrer à l'intérieur comme Amal et moi. Et c'est bien correct. Quand on parle d'incarner sa goddess intérieure, on parle d'incarner sa vérité, ses désirs, ses pulsions. On parle de s'écouter.

Tu as le droit et tu mérites d'être abondante peu importe ce que tu désires.

Sache, goddess, que quand tu commences à cultiver l'énergie d'abondance et quand tu commences à réaliser que tu es méritante, tu n'as pas à savoir comment cette abondance va venir à toi. Tu as le droit également de laisser l'Univers te surprendre, de le laisser t'amener des opportunités inattendues.

Tout ce que tu as à faire est d'avoir la foi et de devenir une femme qui cultive cette énergie. Occupe-toi du « quoi » et du « pourquoi ». Laisse l'Univers et Dieu s'occuper du « comment » et du « quand ».

Répète à voix haute ou écris ces phrases quelque part :

- *Je suis ouverte et prête à voir les choses différemment.*

- *Je suis prête à effectuer un changement dans ma perception de l'argent et dans les autres endroits de ma vie qui ont besoin de transformations.*

- *Je suis prête à voir les croyances et les paradigmes qui ne me servent pas et à vivre une nouvelle expérience avec l'argent.*

- *Je réalise que je suis puissante et méritante.*

Avant de terminer, j'aimerais te livrer quelques questions de journaling qui vont t'aider à cultiver l'énergie d'abondance et à réaliser ce que tu désires vraiment.

Prends ton journal, allume une chandelle, mets de la musique qui te fait te sentir bien et réponds à ces questions :

- *Quel genre d'expérience j'aimerais vivre avec l'argent à partir de maintenant ?*

- *Comment est-ce que j'aimerais me sentir vis-à-vis de l'argent ?*

- *Si je n'avais aucune limitation, qu'est-ce qui me fait vibrer ? Qu'est-ce que je désire ?*

- *Si je pouvais créer une nouvelle réalité maintenant, qu'est-ce qu'elle serait ? (N'aie pas peur d'y aller en détail. Décris ta vie, ta journée parfaite.)*

La réalité est que tous les paradigmes existent et sont possibles : le fait de travailler fort et de faire beaucoup d'argent, le fait d'être femme à la maison et d'avoir un mari qui subvient à nos besoins, le fait de travailler fort et de ne pas générer beaucoup d'argent aussi.

Tous ces paradigmes peuvent cohabiter ensemble dans la même société. Tu as le pouvoir de choisir le paradigme que tu veux créer et avoir dans ta réalité. Cependant, tu vas devoir garder foi et rester dans ton pouvoir personnel. Tu vas devoir le garder dans ton cœur. Même si tu as peur, même si les gens te traitent de folle. Même si ta réalité 3D te montre le contraire… pour arriver à créer une réalité abondante, riche, prospère, tu vas devoir y croire plus que n'importe qui. Tu vas devoir apprendre à parler à tes peurs, à marcher avec elles. Tu vas devoir apprendre à naviguer et tenir bon même quand c'est difficile.

Nous entrons dans un nouveau paradigme. Un paradigme où les femmes réalisent le pouvoir qu'elles ont à l'intérieur d'elles qu'on leur a enlevé. Amal et moi avons comme but d'éveiller et d'amener le plus de femmes vers ce nouveau paradigme. Tu fais partie du mouvement. Tu fais partie du changement, goddess. Tu as le pouvoir, aujourd'hui, de donner naissance dans ta vie à ce nouveau paradigme d'abondance et de facilité.

Tu es magnifique. Tu es forte. Tu es divine. Tu es une goddess.

L'ENTREPRENEURIAT

J'avais envie de t'écrire quelques lignes sur cette vie que j'ai choisie et qui me rend heureuse comme je ne l'ai jamais été. Ça a toujours été un de mes rêves, tu vas rire, mais quand j'étais petite je ne volais pas les talons de ma mère ou ses robes, mais les costumes de mon père et je criais partout dans la maison « je vais être le patron » c'était vraiment un de mes rêves ultimes, être un patron. Je ne savais pas de quoi, de qui, mais j'avais cette envie d'apporter du changement, de transmettre. D'apporter quelque chose au monde qui viendrait totalement de moi. Je ne savais pas encore que mon compte Instagram @amaltahir allait devenir mon entreprise. Je l'ai lancé par passion et amour. Je ne savais pas encore quelle aventure folle m'attendait ; je me suis juste laissé embarquer. Et aujourd'hui grâce à ce compte je suis cheffe d'entreprise, autrice, créatrice de contenu, podcasteuse et surtout coach. C'est juste fou, j'ai vraiment écouté mon cœur. Je savais qu'être une *girl boss* était mon rêve, mais je ne savais pas que ce rêve était en train de commencer. Je ne m'étais pas préparée à toutes ces nuits blanches, passer mes nuits de garde à l'hôpital pendant mes études de sage-femme, aller travailler pour mon job étudiant au supermarché du coin et travailler sur mon rêve après cette journée folle. Je ne savais pas où j'allais, mais j'étais déterminée et quand je vivais des moments durs, je me forçais à visualiser mes rêves, mon (mes) livre(s), je me rappelais pourquoi j'avais commencé. Je ratais les anniversaires, j'oubliais d'envoyer les vœux de bonne année à tout le monde, parce que je rentrais juste après le décompte pour continuer à bosser sur mon rêve, alors oui, l'indépendance, être cheffe d'entreprise n'est pas aussi facile que dans les films, c'est aussi beaucoup de passions, de pleurs et d'angoisse. Mais c'est mon rêve, et même une mission, un chemin de vie. Je suis sur terre pour transmettre aux femmes des choses que je vis, je suis là pour changer les choses, et c'est ce qui me fait vibrer. Alors si ces mots brûlent en toi, que tu as aussi envie de te lancer en tant que *business girl*, sache que tout est possible. TOUT. Les limites n'existent pas. On pense souvent que la réussite est la richesse, le succès, mais n'oublie jamais que tu gagnes tous les jours, car tu ne laisses pas tomber, tu continues de te battre constamment.

« THE KEY OF SUCCESS IS TO START BEFORE YOU ARE READY. »

L'entrepreneuriat selon @safaaetoi

Je suis Safaa, j'ai 24 ans. En vingt-quatre ans d'existence, je me suis découvert plusieurs passions comme la création de contenus sur les réseaux sociaux tels que YouTube et Instagram, la vidéo, la méditation en pleine nature, les randonnées, les montagnes, les chats, la plongée, les voyages et la liste est encore longue. De nature énergique et curieuse je nourris mon âme en expérimentant de nouvelles choses. Les valeurs qui régissent ma vie sont la détermination, la bienveillance, et la responsabilité.

J'essaie d'appliquer ces principes dans chacun des domaines de ma vie. Après un Bac+6 en management de projet je suis aujourd'hui entrepreneure, mindset & business coach, j'accompagne les femmes dans le développement de leur projet entrepreneurial et je les aide à développer un mindset de conquérante pour aller au bout de leurs ambitions. Je suis également la co-

fondatrice de Kwaah Organisation, une association à but non lucratif qui a pour objectif de connecter les femmes entre elles au travers d'événements insolites en pleine nature.

Ma mission de vie est d'aider un maximum de femmes à oser réaliser leur rêve et vivre une vie alignée avec leurs valeurs.

Et il y a quelques années si on m'avait dit que j'allais créer ma propre entreprise, aider des centaines de femmes à révéler leur potentiel et à croire en leur rêve, j'aurais éclaté de rire. Moi, Safaa qui ne croyais pas en mes rêves et qui n'osais pas m'affirmer. Qu'est-ce qui a fait que j'ai commencé à entreprendre un changement à 360° ?

Une meilleure écoute de mes besoins et mes envies.

Une vision de la vie que je veux plus claire donc des décisions alignées.

Une meilleure confiance en moi et une meilleure estime personnelle.

Au fond j'avais des rêves plein le cœur. Ils méritaient d'exister. J'ai décidé qu'il fallait que j'ose sinon je risquais de passer à côté de ma vie, alors j'ai décidé de changer, j'ai décidé de voir grand, croire en moi et en mes rêves. J'ai décidé de me challenger et d'essaier de faire des choses que je n'osais pas faire. N'y a-t-il pas un adage de Jefferson qui nous dit :

« Si vous voulez quelque chose que vous n'avez jamais eu, vous devez être disposé à faire quelque chose que vous n'avez jamais fait. » Alors pour changer ma vie petit pas par petit pas, j'ai commencé à passer à l'action.

Je n'ai jamais été aussi épanouie que depuis que j'ai confiance en moi et en mon potentiel. Et c'est ce que je veux transmettre quotidiennement à travers mon travail de business et mindset coach ou mon contenu sur les réseaux sociaux.

Je veux que les femmes se rendent compte qu'elles ont un pouvoir immense, qu'elles sont capables et qu'elles peuvent réussir, ce que notre esprit peut croire il peut le concevoir. Nous sommes toutes dotées et bénies d'un extraordinaire « outil » qui est notre cerveau, qui nous permet de réaliser nos objectifs, réaliser nos rêves, créer des choses magnifiques à condition de le faire collaborer avec notre cœur, berceau de nos envies, de nos rêves qui ne cessent de crier pour exister.

Laissons-nous l'opportunité d'oser, rayonner, réussir, nous élever et briller !

Le monde a besoin de toi, moi, nous toutes et les autres.

Chapitre 6
SENSUELLE DANS TA PUISSANCE

Avec ce chapitre, on entre dans le monde de la goddess sexuelle, le self-care de l'énergie féminine, la puissance du cycle. J'adore ce monde, et j'adore pouvoir te faire voyager à travers ce pouvoir que tu as en toi et que tu as peut-être étouffé derrière des blessures masculines – derrière la peur de parler de tes émotions ou encore, parce que tu as été blessée par un homme (père, frère, oncle, petit copain, etc.). Je suis ici pour t'aider tout doucement à te révéler, révéler ce pouvoir incroyable que tu as en toi. Je vais donc te parler de cycle menstruel et d'énergie féminine et masculine, je ne pourrais pas aborder ce sujet sans parler du yin et du yang. Peu importe tes croyances religieuses ou pas, prends-le comme un concept du monde, qu'il est indispensable de comprendre et d'intégrer pour construire cet équilibre dont je te parle dans les chapitres précédents. Tu es l'équilibre, et le yin et le yang sont équilibre également. Pour celles qui lisent ce livre, sans me connaître, la sexualité et le corps de la femme sont mes spécialités. J'ai trouvé mon chemin de vie et puis fait mon éveil spirituel. Parce qu'il n'y a pas d'ordre pour ce genre de choses, à toi de créer ton propre ordre. J'ai compris que j'étais sur le bon chemin de vie lorsque j'ai créé mon compte Instagram @amaltahir et tout doucement en laissant partir des personnes de ma vie, en laissant derrière moi mon ancienne vie, en faisant une introspection j'ai découvert le chemin du développement personnel et de la spiritualité. Dans ce chapitre je vais aborder en premier le yin et le yang, puis je poursuivrai en te parlant en détail du cycle menstruel, des énergies qui circulent pendant ce cycle. Je vais aussi aborder le thème du féminin blessé et du féminin sacré qui sont des concepts qui viennent totalement du monde du développement personnel, holistique et spirituel. Lorsque je parle de « féminin divin » ou « féminin sacré », c'est pour moi une évolution du féminin blessé, tu ne trouveras peut-être pas la même définition partout, mais selon moi, on vient sur terre avec un féminin blessé. Avec certitude, je peux l'affirmer, les femmes de notre génération viennent sur terre avec cette blessure. Dans les générations passées, il y a eu très peu d'amour pour ce cycle, pour la place de la femme dans la société, dans la maison, en tant que cheffe d'entreprise. Nous savons l'importance du féminisme dans notre quotidien, ce féminisme qui est très présent aujourd'hui ne l'était pas spécialement à l'époque de nos mères, grands-mères et arrière-grand-mères, même si d'autres femmes ont milité de façon magnifique, dans la société actuelle on est ici pour tout casser, pour renverser la société et cette fois-ci en sortir gagnantes. Et comme depuis la nuit des temps les règles sont sales, le sang c'est sale, l'accouchement c'est sale, une vulve c'est moche, les femmes qui couchent sont faciles, être femme c'est être « le sexe faible », nos cycles, nos connexions lunaires, comme j'aime les appeler, ont souffert. Les utérus de nos mères, de nos grands-mères ont subi de la maltraitance. Toute personne ayant un utérus, des ovocytes, des hormones sexuelles dites « féminines » porte en elle le poids de la souffrance de sa lignée, c'est un fait selon moi. Je ne dis pas que les hommes n'ont pas souffert ou ne portent rien en eux, honnêtement je n'en sais rien, je ne suis pas une experte dans le domaine, ici je vais vous parler de cycle menstruel, de féminin et masculin blessés, des énergies féminines et masculines qui ne parlent absolument pas du genre, les énergies n'ont pas de sexe, ce sont des énergies. Tu vas mieux comprendre au fur et à mesure de la lecture. L'aboutissement de ton travail sur le féminin blessé va te conduire au féminin sacré : ton énergie féminine, tes règles, ton yoni, ton utérus, tout deviendra sacré à tes yeux.

LE YIN ET LE YANG

Cette énergie blanche et noire, blanche ou noire, noir dans blanc, blanc dans noir est un symbole que tu as déjà peut-être croisé plusieurs fois dans ta vie sans jamais lui donner d'importance, alors qu'en fait il fait partie de notre monde et il y a une raison. Le yang représente l'énergie masculine, et le yin l'énergie féminine. Il ne s'agit pas des genres « femme » et « homme » tels qu'on peut les concevoir (avec le genre ou sexe biologique), mais il est question d'énergie. À travers ce chapitre, je vais te plonger dans l'énergie féminine en toi et la masculine, car oui tu as les deux en toi, toute chose possède les deux. Toute personne a ce yin et ce yang en elle, peu importe son genre, son expression de genre, tout ceci relève de la société, ici nous parlons de spiritualité. Donc toute chose est composée du yin et du yang, dans le yin il y a une tache de yang et dans le yang il y a une tache de yin, car tout s'équilibre, il y a du bon et du mauvais : le meilleur équilibre de vie est de trouver un juste milieu entre le yin et le yang.

LE YIN	LE YANG
Clarté	Compassion
Structure	Amour
Planification	Prendre soin
Support	Recevoir
Donner	Mouvement
Accomplir	Créativité
Liberté	Extérieur
Intérieur	Fluidité
Protection	Expression
Prise de décision	Impulsion
Rationalité	Sensibilité
Bâtir	Douceur
Fermeté	Logique
Intuition	Énergétique
Calme	

En parlant du yin et du yang je t'invite à célébrer ta dualité, car tu n'es pas créée d'un, mais encore une fois je te prouve ta multi dimension. Tu es la *bad bitch*, la femme spirituelle, tu es la célibataire qui fait la fête, et la femme en couple, tu es séduisante et tu es aussi masculine, tu es *in*, tu es *out*, tu es plein de choses au même moment. Tu as confiance en toi et parfois tu te détestes, tu crées ta dimension constamment. Tout est une question d'équilibre, tu as besoin de chercher cet équilibre dans toute chose. C'est selon moi l'invitation du yin et du yang. Si tu te demandes ce que le tableau du yin et du yang plus haut représente, c'est simplement les mots qui accompagnent ces deux énergies. Cela te permet d'y revenir autant de fois que tu veux pour savoir si tu es plutôt du côté yin ou yang et rééquilibrer. Selon moi il n'est pas mieux d'être dans le yin ou dans le yang ça dépend du contexte, ça nous oblige à voir la situation d'un autre point de vue.

Imagine que tu sois triste, si tu as envie de sortir, te faire belle sans ressentir la tristesse tu sais que tu es dans le yang, mais tu sais aussi (après avoir lu ce guide) que tu as besoin de recevoir ces émotions et les vivre donc tu vas te recentrer dans ton yin pour accueillir celles qui viennent à toi, et après aller dans ton yang pour agir et donner. C'est ça la vie, ce n'est pas linéaire, c'est rempli d'échecs, de bas, de compréhension, d'analyse et c'est beau. C'est même ce qui fait tout son charme. Grâce à la définition du yin et du yang, tu vas enfin pouvoir te situer dans une énergie, il n'y a rien de mieux que de se connaître, savoir. Moi, dans ma profonde nature, avant de devenir une *spiritual bad bitch* j'étais constamment dans mon yang, je ne me laissais pas emporter, je donnais, j'étais dans l'action, je ne me laissais absolument pas le temps de recevoir, je ne voulais pas recevoir, j'en avais trop peur. Recevoir ? Écouter mon corps ? Ressentir ? Pourquoi m'infliger tout ceci ? Pourquoi avoir mal ? C'était inutile pour moi, je vivais constamment dans mon yang, c'était ma carapace, ma façon de me protéger. J'avais peur d'avoir mal, de souffrir, pour moi c'était hors de question de me laisser aller, sans me rendre compte que ça bloquait énormément de choses dans ma vie. Je sortais avec un garçon, et au bout de six mois de relation il m'a dit « je ne sais rien de toi », cette phrase m'a énormément marquée. Je me suis dit : « mais merde en fait, comme je ne veux rien ressentir, je me renferme sur moi » et ce n'est pas parce que je ne suis pas sociable, ouverte, que je m'ouvre dans l'intimité. Comme pour certaines, vivre dans leur yin est aussi une carapace. Chacune de nous a sa carapace qui paraît folle pour une autre personne, mais on a toutes nos blessures et on se protège toutes de manière différente. Si tu sens un déséquilibre, je vais te donner quelques tips pour te reconnecter à ton yin et ton yang, mais avant tout, comme d'habitude, je t'invite à conscientiser ton énergie, et surtout le temps n'est pas illimité, la vie est trop courte, prends le temps de changer tes habitudes pour rééquilibrer ton énergie yin-yang.

LE YIN	LE YANG
Alimentation : céréales, fruits, légumes, huiles végétales comme celle de sésame.	Développe ton indépendance
Slow Morning	Passe du temps seule
Slow Sex	Fais des to-do lists
...et tout ce qui commence par slow	Organise ta journée
Reste loin de ton téléphone	Planifie ton budget
Méditation	Prends des risques
Skincare en conscience	Fonce dans tes projets
Yoga facial	Liste tes qualités
Position de yoga yin	Liste tes objectifs de vie
	Fais de la boxe
	Position de yoga yang

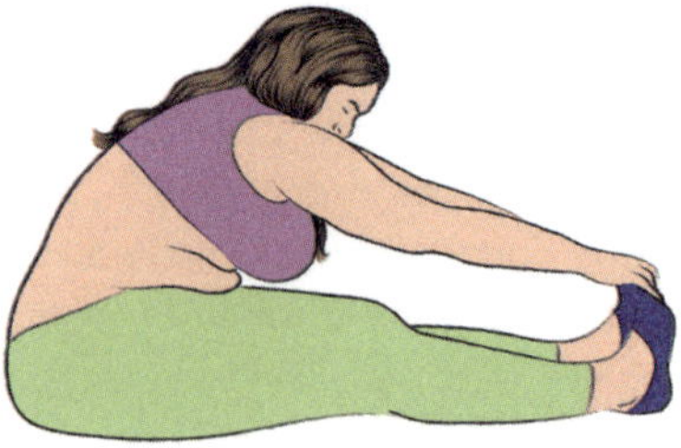

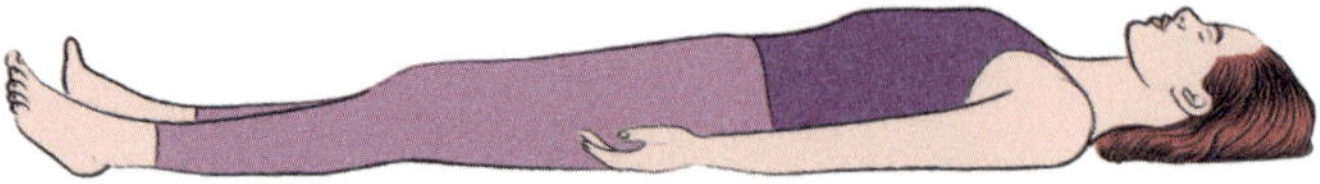

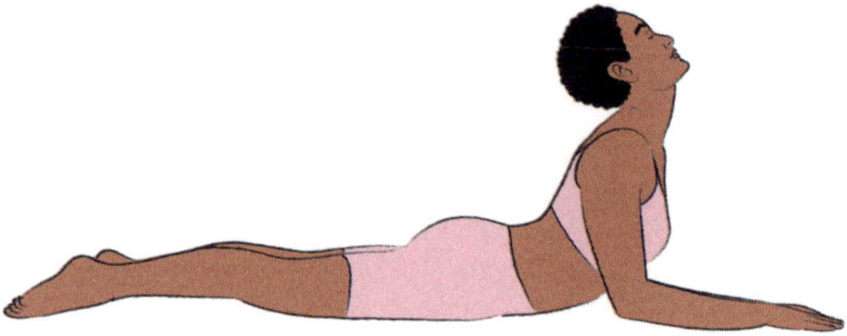

J'ai cité le yoga en dernier, car selon moi c'est la meilleure façon de me connecter plus à mon yin, ou à mon yang ou trouver un équilibre entre les deux. Le yoga me permet tellement de connecter mon corps à ces énergies. Sache que le yang ne va pas te rendre moins féminine, ce n'est pas de votre enveloppe corporelle dont on parle ici, le yoga prend soin de ton corps énergétique. Le yang c'est l'énergie de l'action qu'en tant que femme on a tellement besoin de développer. Par exemple dans le business les femmes ont plus peur que les hommes de se lancer, selon les études, la plupart des chefs d'entreprise sont des hommes et selon moi cela est due à cette peur de l'action, le fait que les femmes ne travaillent pas leur masculinité sacrée. Parce que oui, on a un féminin sacré, mais on a aussi un masculin sacré à honorer, et tu te rends bien compte que lorsqu'on arrive sur terre on n'a pas vraiment de pistes pour ces deux sujets. Le féminin est blessé par nos ancêtres, le masculin sacré est blessé par le sexisme et la peur de rentrer dans cette énergie d'action. Aux hommes on apprend à se lancer, à avoir confiance en eux, aux femmes on apprend à se taire et à avoir peur. Il n'est plus temps de vivre ainsi, reprends le pouvoir, l'énergie qui est à toi, même le masculin est sacré et important pour toi. Tu as cette nécessité d'être dans le « faire » le « donner » le « passer à l'action » et le « calme interne ».

Bien évidemment que tu utilises déjà ton énergie masculine constamment de façon inconsciente, sinon tu ne ferais jamais rien, même le ménage ou se lancer dans une tâche administrative, la différence c'est d'en être fière, de la faire sortir, d'être honorée de cette énergie masculine que le ciel vient t'offrir et de l'exploiter à ton avantage. Je profite du fait d'aborder le yin et le yang (dont tu découvres quatre postures page de gauche) pour parler de la beauté de la polarité de la vie. Lorsqu'on débute dans le développement personnel, on pense qu'on va se sentir bien tout le temps, mais pas du tout, j'aimerais que tu apprécies cette polarité que la vie t'offre, cette double face de la vie.

LE CYCLE MENSTRUEL

En toi, tu portes 4 saisons différentes sans même t'en rendre compte, car ce changement de saison ne se ressent pas corporellement. Tu portes l'hiver, le printemps, l'été et l'automne. C'est comme si à l'intérieur de toi tu avais de la neige, un soleil frappant, des feuilles orangées qui tombent et des fleurs. Tu as tout ça en toi, que tu en sois consciente ou pas, ton utérus et ton intérieur donnent vie à ces 4 saisons en un cycle menstruel. Personnellement, je travaille à mon compte donc il est peut-être plus facile pour moi de respecter ce rythme saisonnier interne, mais comme toi, ce n'est pas toujours le cas. Donc j'essaie le soir après ma journée ou le matin avant de démarrer, qui sont les deux moments les plus propices au self-care dans le train de vie actuel, d'honorer ces changements en moi. Parce que ton cycle est important, ce n'est pas uniquement ton cycle qui fait de toi une femme, nous savons que ce n'est pas ÇA la définition d'une femme, mais c'est important, si tu as un utérus, un cycle menstruel, d'être consciente de sa puissance et de surtout s'avoir écouter la puissance de ce corps. Chaque jour quelque chose d'hormonal et de magique se passe en toi, tu ne peux plus passer à côté de l'expérience de cette potion magique.

LES 4 PHASES DU CYCLE MENSTRUEL

Phase 1 : la sorcière

Les menstruations, l'hiver. Les mots-clés selon moi sont : repos, calme extérieur, mais désordre intérieur, introspection, spiritualité, sagesse. On se sent triste, perdue, ce qui est normal puisqu'il y avait un ovocyte qui attendait d'être fécondé et cela n'est pas arrivé, donc on a l'impression de perdre quelque chose, on sent le « deuil » en nous. Même si tu ne souhaites pas avoir d'enfant ce mécanisme est physiologique, et si tu ne veux pas d'enfant je soutiens ton choix, tu n'es pas obligée d'être mère parce que tu es une femme. *Period.* Il faut essaier de te retrouver pendant tes menstruations. Et pour te trouver, tu as besoin de te chercher, de fouiller en toi. Tu as besoin de libérer des choses pendant tes menstruations, de laisser aller ce qui te pèse : c'est le moment idéal pour libérer un certain poids.

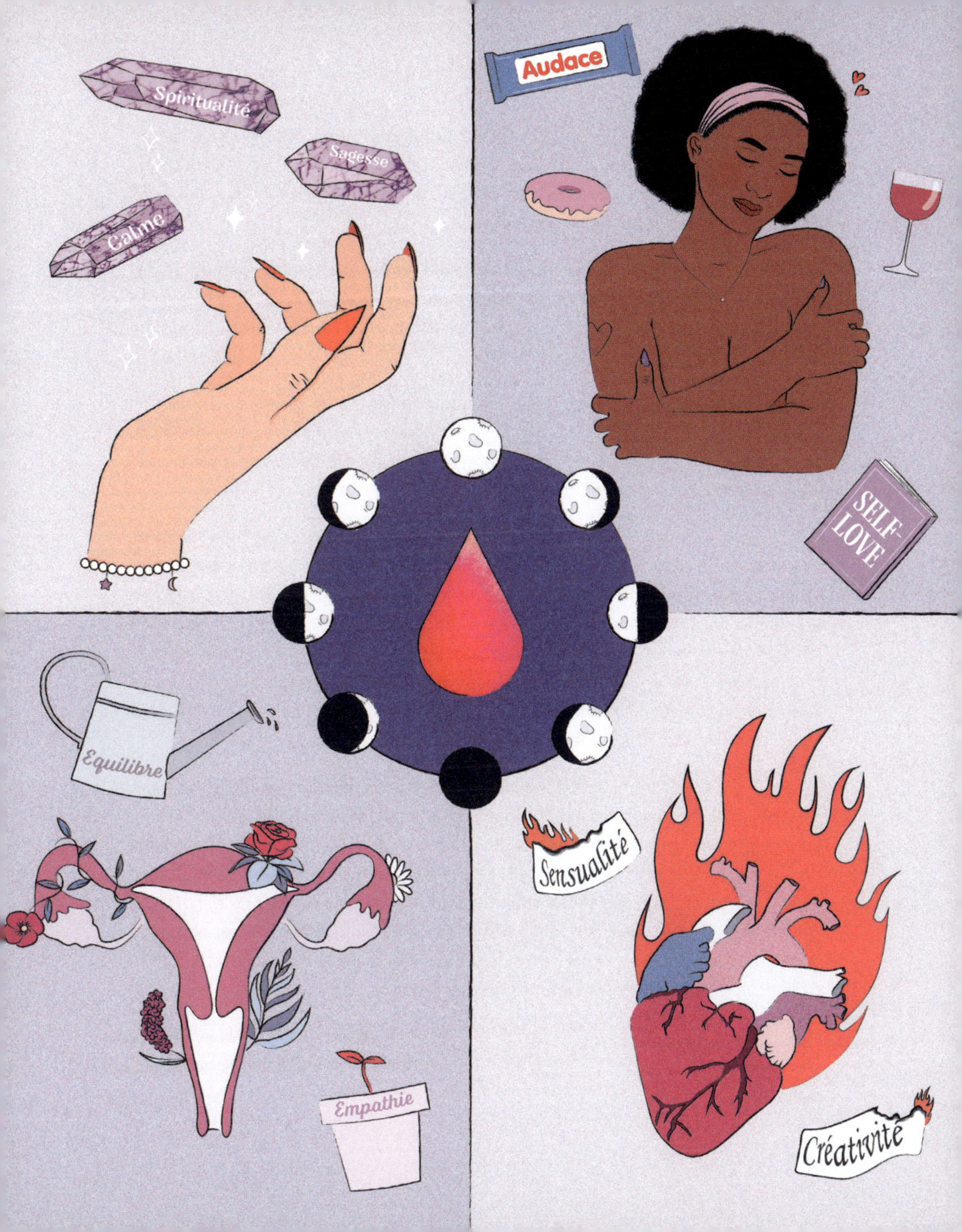
Spiritualité
Sagesse
Calme
Audace
SELF-LOVE
Equilibre
Sensualité
Empathie
Créativité

Journaling conseillé : libère-toi du poids que tu as vécu le cycle avant, note tous tes problèmes, divise-les en deux catégories (que je t'expose plus loin), c'est le moment de faire des lettres de colère, de sentir les émotions dans chaque cellule et les laisser aller.

La relation aux autres : *slow*. Prends le temps, ne te laisse pas emporter dans des débats compliqués, pose tes limites, apprends à reculer quand la conversation est trop lourde pour ton émotionnel. Ce n'est pas le moment d'épuiser ton corps, garde cette énergie.

La relation au corps : il est normal de se sentir gonflée, d'avoir ce « baby bump » des règles, de sentir que tu traînes, que tu n'es pas dans ton corps habituel. Apprécie ces changements, habille-toi de façon confortable et sens-toi bien pendant tes lunes.

La nourriture : mange ce que tu veux et ce qui te fait du bien. Si tu as pour habitude d'avoir un mode de vie sain et équilibré sache que pendant les règles tu peux ressentir le besoin de « te jeter sur la nourriture » , ce que l'on nomme la nourriture émotionnelle – ce qui pourrait faire l'objet d'un livre à part entière – mais je rejoins plein de spécialistes qui nous disent qu'à petite dose c'est normal. On ne mange pas tout le temps parce qu'on a faim, on mange de joie, à un mariage, à un anniversaire, par bonheur, eh oui parfois par tristesse ou à cause de la chute de la glycémie pendant les règles, et c'est Ok.

La sexualité : concentre-toi sur la masturbation, si tu en as envie. Le sang n'est pas sale, tu peux le faire sous la douche, pose l'intention de l'utiliser comme un moment self-care. Si tu es en couple ou que tu as un.e partenaire propose-lui de te faire un massage du bas du dos pour soulager les douleurs, de t'embrasser le dos, le bas ventre, caresser ta poitrine. Si tu n'as aucune envie, prends le temps pour toi, et si tu vis avec ton.ta partenaire pourquoi ne pas le laisser faire une soirée de son côté et toi rester seule devant un film et de la bonne nourriture ? Tu as le droit à TES moments même si tu vis avec ton.ta partenaire.

Le rituel : je vois les règles comme un moment propice pour me libérer de la charge émotionnelle que j'ai vécu tout le mois durant. Introspection, laisser-aller, pardon.

Exercice pour ton premier jour de menstruation
Comment je me sens aujourd'hui ?

Après avoir donné ton état général, je t'invite à te lever, à « attraper » ton utérus et le chérir puis complète ces deux colonnes.

LES PROBLÈMES AVEC MON CONTRÔLE	LES PROBLÈMES SANS MON CONTRÔLE

Maintenant que tu as réalisé que pour certaines choses de la vie, tu ne peux absolument rien faire, je t'invite à répéter ces affirmations après avoir pris 3 inspirations et 3 expirations.

★ Je laisse aller tout ce qui ne m'appartient pas.

★ Je fais confiance à mon intuition.

★ Je fais appel à ma sagesse pour tout problème quotidien.

Ensuite je t'invite à écrire une lettre de colère ou une lettre de « vidange » sur une feuille à part où tu écriras tout ce qui te saoule, te gonfle, tout ce que tu souhaites vomir, les situations qui ne te conviennent plus, les choses qui font que tu te détestes... Vraiment, sois sincère et crache tout ce que tu ressens. Alors, tu ressens ce poids en moins ? Qu'est-ce que ça te fait ?

Je t'invite maintenant à t'installer dans la position de l'enfant (ci-dessous) et d'être à l'écoute de ces sensations qui envahissent ton corps, aussi longtemps que nécessaire.

Reviens sur cette page du livre à chaque fois que tu as tes règles, c'est mon rituel self-care qui me permet de me sentir mieux et légère, mais n'oublie pas, si tu as envie de ne rien faire et de rester au fond de ton lit pendant tes règles ou tout autre jour : c'est aussi du self-care.

Phase 2 : la vierge

C'est le moment de la préovulation. Les mots-clés sont : rebooster, self-love, équilibre, on se sent super bien, c'est un peu comme sortir de sa grotte après l'hiver. Un peu comme sortir d'un confinement finalement. C'est le moment de regain d'énergie, l'envie d'être sociable, de sortir, tu vas dans tous les sens, tu as envie de tout casser, tu te sens bien.

Journaling conseillé : écris-toi des lettres d'amour, de confiance en toi, écris ce que tu aimes chez toi, tes qualités et éclate-toi dans cet amour envers toi.

La relation aux autres : c'est un moment propice pour faire des rencontres, écoute ton intuition, tu rencontreras des personnes qui te correspondent avec qui tu vas vivre de superbes aventures. Pose toujours une intention et manifeste des personnes avec la même vibration que toi pendant cette phase de ton cycle. Personnellement, je dis tous les matins : « J'attire à moi des personnes avec la même vibration que moi ».

La sexualité : c'est le moment de rajouter de la nouveauté, de nouvelles choses, teste de nouvelles pratiques sexuelles, par exemple, rajoute l'utilisation d'un plug anal. J'adore conseiller le « plug anal » parce qu'il réveille indirectement certaines parties du clitoris. Essaie d'écouter la goddess sexuelle en toi pendant cette phase.

Le rituel : profite de cette période pour faire des rituels d'ancrage (tu les retrouveras plus loin dans le chapitre), cohérence cardiaque, méditations « body scan », c'est le moment de faire appel à ta créativité, dessine, colorie. Tu bosses avec ton enfant intérieur et il adore ça.

Phase 3 : la déesse, alias la phase de la goddess

C'est le moment de l'ovulation. Les mots-clés sont : audace, empathie, des vibes positives pour le monde qui t'entoure, tu rayonnes. T'es encore plus une *bad bitch*. Ça a été présenté comme quelque chose de maternel, mais pour moi c'est quelque chose de l'ordre de la naissance. Peu importe la naissance dont on parle : un projet, un rêve, une relation. Pendant ton ovulation tu as besoin de donner : te donner, donner aux autres, à ton âme.

***Journaling* conseillé :** Manifeste, manifeste, et manifeste encore. Écris des lettres à l'Univers, pratique la visualisation tous les matins avec ton café ou ton thé. Tu es en haute fréquence, profites-en.

La sexualité : profite de ce re-boost de confiance en toi pour parler de cul, de sexualité, de rajouter du *sex talk* et *dirty talk* dans ta sexualité. J'aime différencier le sex talk et le *dirty talk* car chaque personne explore cette sexualité à sa manière, crée son propre talk. Les mots durant le sexe sont importants, le cerveau a besoin d'être stimulé et cela passe aussi par l'audition. Durant le sexe, nous faisons appel à nos 5 sens. Le sex talk est le fait de parler de sexualité, même avant la phase « sexe » : en envoyant un texto, en demandant à ton. ta partenaire durant l'acte si il.elle aime, ce qu'il.elle préfère, la vitesse... Alors que le dirty talk est d'une intensité au-dessus. Plus osé, audacieux, piquant, qui demande une certaine assurance. Beaucoup de gens n'osent pas forcément, d'autres n'aiment pas, et c'est Ok. Je leur recommande alors de faire appel au sex talk car parler de sexe est une façon de faire l'amour.

Phase 4 : l'enchanteresse

C'est le moment du syndrome prémenstruel. Les mots-clés ici sont : créativité, sensualité, inspiration, mais aussi mal-être, on commence à rentrer dans le *slow* des règles. D'un point de vue scientifique et médical le syndrome prémenstruel peut être très violent et même conduire à des phases dépressives, je t'invite vraiment à te faire suivre par une naturopathe, psychologue, psychiatre, coach, pour pouvoir comprendre ton SPM. Ne sois pas dans la résistance à tes hormones et émotions. Tu as besoin de casser, danser, libérer l'énergie restante. Tu es sur la fin de ton cycle, tu vas commencer à devoir abandonner le surplus d'énergie.

La sexualité : profite du moment pour créer de l'intimité entre toi et les autres, l'intimité est un des piliers du bien-être sexuel, et personnel. J'ai dédié un passage plus loin dans le livre à l'intimité. Pendant ton SPM, si tu en as envie, je t'invite à te laisser aller au sexe non pénétratif uniquement, à découvrir le plaisir du non pénétrant (pas de pénis-vagin ou encore sex-toy-vagin), mais plutôt de te laisser aller au sexe manuel, au sexe oral, et approfondir cette partie de ta sexualité.

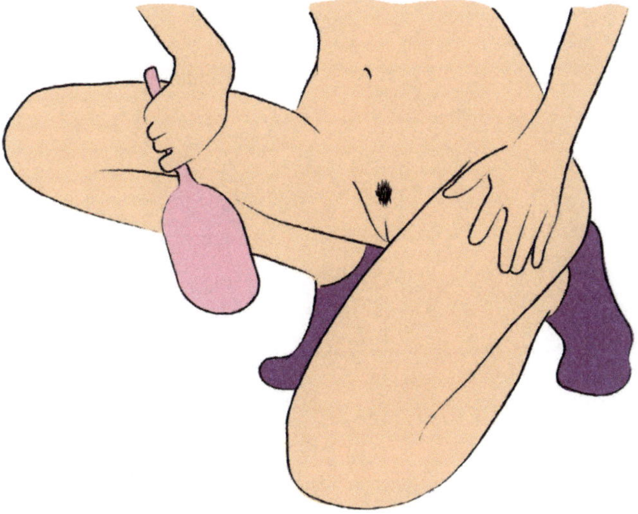

En te parlant des phases du cycle, je t'invite à observer ton propre cycle, et même à l'utiliser pour structurer ta vie quotidienne, à respecter les demandes de ton corps. Je me rends bien compte que cela n'est pas possible pour tout le monde, mais savoir ralentir lorsque tu as tes règles est une forme d'amour énorme pour ton corps. Savoir écouter tous les signaux de ton cycle signifie développer ton féminin sacré, sans limites, sans peur. Les expertes en cycle menstruel disent qu'il y a 4 choses à observer lorsqu'on souhaite observer son cycle :

1

OBSERVE TON CORPS PHYSIQUE :
ton niveau d'énergie, les fringales, ta digestion, ta libido, tous ces facteurs te permettent déjà de savoir dans quelle saison de ton cycle tu es.

2

OBSERVE TON MENTAL :
tes fonctions cognitives, ta motivation, ta mémoire.

3

OBSERVE TON CŒUR :
les émotions qui viennent à toi et comment tu les accueilles.

4

OBSERVE TON ESPRIT :
gratitude, alignement, ancrage.

Pour pouvoir tout doucement associer une observation à une des 4 phases de ton cycle, je te conseille de noter dans un journal ou dans ton téléphone ces 4 paramètres tous les jours pendant un certain temps, le fameux « temps d'adaptation ». On l'oublie souvent, mais une des premières choses à faire lorsqu'on veut guérir le féminin blessé est de commencer à vivre son cycle menstruel de façon consciente, très simplement. Je te conseille de commencer le premier jour de tes règles pour apprendre à connaître ton cycle, ça sera plus facile à retenir, noter, analyser. N'oublie pas que si tu as une contraception hormonale telle que la pilule, le stérilet hormonal, l'implant, tu n'ovules pas donc il est très compliqué de pouvoir profiter de ces hormones naturelles puisque tu as des hormones de synthèse en toi qui empêchent l'ovulation. Tu n'expulses pas l'ovocyte dans la trompe de Fallope, tes règles ne sont donc pas de vraies règles, c'est juste du sang suite à une chute hormonale. Je m'explique : lorsque tu fais « une pause » à la fin de ta plaquette de pilule, le sang qui se présente dans ta culotte à ce moment-là ne peut pas être considéré comme des « règles » puisque les règles sont, par définition, le résultat d'un ovocyte qui n'a PAS été fécondé par un spermatozoïde. Les contraceptions sans hormones sont, par exemple, la symptothermie donc la contraception naturelle basée sur plusieurs axes de suivi du cycle, le stérilet en cuivre et le préservatif, mais il en existe d'autres. Ne t'inquiète pas, ce n'est pas parce que tu prends une contraception hormonale que tu ne pourras pas travailler sur ton féminin blessé. Pour aller plus loin, je te partage les piliers du système menstruel. Oui, ton cycle est un système, et comme tout système il y a des piliers qu'il ne faut pas négliger pouvoir t'écouter et te comprendre.

Les piliers de ton système menstruel

ALIMENTATION

L'alimentation joue un rôle extrêmement important dans ton système menstruel, elle impacte les règles et l'ovulation. Par exemple, il faut éviter l'alcool, le café et les aliments inflammatoires à proximité de tes règles, car ces aliments changent le ressenti.

★

OBSERVATION DE TON CYCLE

En utilisant les 4 mesures citées plus haut.

★

REPOS

Le besoin de repos ne sera pas le même d'une phase à l'autre, il faudra que tu l'identifies et que tu acceptes que ton cycle te pousse dans ton yin pendant tes règles par exemple et dans ton yang pendant l'ovulation.

★

HEURE ET QUALITÉ DU SOMMEIL

Le sommeil est un pilier dans la vie, mais surtout pendant ton cycle, tu as besoin de récupérer plus pendant l'hiver puisque tu fais face à une fatigue aussi émotionnelle.

★

MOUVEMENT

Ton corps a besoin de laisser sortir l'énergie en « trop » ou de se dépenser à sa façon. Tu as la danse, le yoga, la musculation, le cardio, la boxe... Tu dois trouver le sport qui correspond à ton cycle. Tout au long de ton cycle, tu ne pourras pas faire le même sport, ou du moins pas de la même manière : tu auras parfois besoin d'aller plus doucement et de recevoir, et parfois de te défouler, de soulever d'énormes poids et de te dépasser.

FÉMININ BLESSÉ

Le but de guérir son féminin blessé est d'éveiller son féminin sacré. En chaque femme se cache un féminin blessé, parfois c'est parce que tu n'accueilles pas assez ton côté féminin, tu ne l'acceptes pas. Et je rappelle que lorsque je parle de féminin, la mémoire cellulaire est aussi une puissance. On va parler un peu de biologie et d'anatomie. C'est lorsque tu es dans l'utérus de ta mère que tu vas fabriquer tous tes ovocytes (vulgairement, les ovocytes ce sont les œufs expulsés lors de l'ovulation qui attendent la rencontre, dans la trompe de Fallope, avec un spermatozoïde pour être fécondés). Et lorsque ta mère était dans l'utérus de SA mère, tu étais aussi également présente puisque TOUS les ovocytes sont créés in utero. Ta grand-mère lorsqu'elle était dans l'utérus de ton arrière-grand-mère elle portait déjà tous ses ovocytes, donc oui on appartient à une lignée de femmes et on était déjà là pendant plein de traumatismes, de convictions. Lorsqu'on parle de sexualité féminine et de cycle menstruel, on voit plein de similitudes. Je m'explique, souvent les femmes simulent l'orgasme, mais en soi personne ne s'est concerté pour faire ça, ou encore plein de femmes n'aiment pas leur vulve, ne vivent pas leur cycle, mais personne n'a décrété que ça devait se passer ainsi. Ce sont les « transmetteuses » « les guérisseuses » qui font ça pour les autres, elles se déconstruisent, prennent la parole et transmettent des « déclics » aux autres femmes. Lorsque tu guéris TON féminin blessé, tu guéris alors ta lignée et les femmes qui suivront. J'aime trop cette idée d'être celle qui brise le cercle, comme une sorcière, celle qui arrête la malédiction, c'est drôle et je trouve que c'est puissant d'être cette femme-là.

10 conseils pour guérir ton féminin divin

1. Ne te protège plus derrière ton énergie masculine.
2. N'essaie pas constamment de plaire aux autres, on s'en fout.
3. Honore tes émotions et apprécie cette sensibilité.
4. Relâche les tensions dans ton corps et kiffe-le.
5. Permets-toi d'être dans ton yin sans te sentir fragile et sans te sentir accueillie.
6. Connecte-toi à ton cœur, ton chakra du cœur.
7. Pardonne aux gens qui t'ont fait du mal, sors-les de ta prison.
8. Honore ta sensualité, ta sexualité, ton pouvoir.
9. Ne te compare jamais aux autres femmes, elles sont tes sœurs.
10. Ouvre ton cœur à toutes les choses qui t'entourent.

UTILISER SON CYCLE ET SA SEXUALITÉ POUR GUÉRIR

Je l'ai essayé sur mon propre corps, utiliser son cycle menstruel pour guérir de ses blessures émotionnelles et cela fonctionne de manière puissante. J'ai pu m'observer pendant mes règles et j'ai compris que même pendant l'hiver de mon corps j'étais dans mon énergie yang. Je sais totalement d'où vient mon énergie yang, je me rappelle de tout ce que j'ai pu vivre étant petite, je me souviens de ce décalage que je ressentais avec les autres enfants. Je me rappelle que je m'enfermais dans la classe pendant la recréation pour écrire dans mon journal intime. J'avais déjà beaucoup de choses sur le cœur. Je me rappelle parfaitement de ce jour où j'étais encore une fois restée dans cette classe, et j'ai entendu les enfants hurler à travers la fenêtre : « Elle reste seule parce que personne ne joue avec elle ! » J'avais donc décidé de sortir, de les rejoindre, et LE garçon que j'aimais bien s'était moqué de moi. Je me rappelle avoir couru au fond de la cour, mais tellement loin, comme si cette cour n'avait aucune limite. Je me rappelle de ma jupe vert pastel et je me souviens m'être écroulée au sol et m'être ouvert le genou. Tu vas trouver ça fou, mais je l'ai encore cette cicatrice sur le genou. J'avais pleuré toutes les larmes de mon corps en me disant que maintenant ils se moquaient de moi, mais qu'un jour je deviendrais tellement quelqu'un qu'ils ne pourraient plus se moquer de moi. Tu connais la suite. Tout ça pour dire que si je suis tellement dans mon énergie yang c'est qu'avec toutes les expériences traumatisantes que j'ai vécues jusqu'à l'université, où ça s'est subitement arrêté, je voulais juste agir et réussir. Pour moi c'était ma réussite qui ferait taire les autres, ce qui est magique c'est que oui je réussis, je suis cheffe d'entreprise, créatrice de contenu, autrice, mais je le fais pour moi, pas pour les autres, je n'ai plus cette rage. J'ai réalisé que si j'étais autant dans cette énergie yang c'est parce que j'avais des blessures masculines profondes et que je n'étais pas assez connectée à moi-même, et ce même dans la sexualité.

Généralement, lorsque tu ne vis pas dans tes émotions pendant ton cycle, c'est parce que tu possèdes une résistance émotionnelle, tu ne parviens pas à te laisser aller. S'abandonner à son cycle, à une sexualité magique, demande de guérir, d'être dans ce processus. Gagner confiance en soi, faire confiance à son corps signifie se laisser aller pendant que tu fais l'amour. Utiliser son cycle pour guérir : je l'ai fait. Par exemple, je sentais que j'avais une résistance folle vis-à-vis de mes émotions, je n'arrivais pas à être vulnérable, jamais, pour moi cela signifiait être faible et je ne voulais pas être faible. Alors j'ai profité de l'hiver (pendant mes menstruations) pour écrire des lettres de colère, me libérer du poids des émotions, car je le vivais vraiment comme un gros sac rempli de pierres que je portais en moi, un poids immense qui me cassait le dos constamment. Comme j'avais compris que pendant mes règles j'étais plus ouverte aux sensations, j'ai profité de cette période pour : parler ou pleurer seule devant un miroir, je savais que ça sortirait plus facilement. Puis j'ai essayé de continuer pendant le printemps, après ça bloquait j'étais trop dans l'action de l'ovulation, mais j'acceptais cette énergie yang. Je l'utilisais à mon avantage pour booster mes projets et m'écrire des lettres de « self-love ». J'adore faire ça pendant l'ovulation, je le fais souvent quand je sens que je perds confiance en moi, c'est un excellent moyen de self-care.

Récit sur l'inceste et SOPK par @soa_toi

Je m'appelle Oumssalam. Je suis une jeune femme de 24 ans marquée à vie par mes blessures. J'aimerais vous raconter un bout de mon histoire et partager avec vous la plus grande leçon que la vie m'a apprise : « La meilleure façon d'avancer est d'affronter son passé. » Mon premier souvenir d'enfance commence dans la peur. J'ai subi l'innommable, l'inceste. Ma cousine plus âgée que moi m'a violée pendant cinq longues années. Si aujourd'hui je peux le dire, l'écrire librement, c'est parce que j'ai décidé de guérir.

J'avais occulté ces agressions jusqu'à mon adolescence et mon existence a basculé dans la terreur quand toutes ces horreurs me sont revenues en mémoire. Je me suis renfermée, car je vivais dans le secret. Porter ce secret m'a détruite de l'intérieur. Je me suis réfugiée dans la nourriture et je suis devenue hyperphagique. Je mangeais, car la graisse qui me recouvrait me protégeait. J'avais peur des autres et peur du monde. J'ai essayé plusieurs fois de me suicider. J'ai perdu toute confiance en moi. Je me voyais comme un monstre et je me dégoûtais. C'est comme ça que j'ai vécu la transition d'adolescente à femme.

J'ai tout fait pour l'éviter, pourtant c'est mon passé qui construit la femme que je deviens. Mon premier souvenir de femme s'inscrit dans l'angoisse, la peur, le dégoût, la honte et le mépris de moi-même. J'ai essayé d'être heureuse, j'ai essayé d'avancer, mais ce passé me rattrapait toujours. J'avais ce blocage à l'intérieur de moi que je n'arrivais pas à exprimer, c'était bien plus que mental et je le savais. Depuis mon adolescence je n'ai jamais eu mes règles à date fixe. Et c'est une fois adulte que le verdict est tombé. Je suis atteinte du syndrome des ovaires polykystiques. Un dérèglement hormonal qui perturbe mon corps et mon esprit. Des symptômes que je connais depuis toujours : sautes d'humeur, prise de poids, pilosité, absence de règles. Et maintenant infertilité. J'ai toujours dit que je ne voulais pas d'enfant. J'ai répété sans cesse que je ne voulais pas devenir mère sans jamais en donner la raison à qui que ce soit. La vérité c'est que j'avais peur et que le traumatisme prenait trop de place dans ma vie. J'ai cherché à savoir d'où venait ce symptôme quelle en était la cause. Aucun médecin n'a pas su me donner de réponse.

Moi je sais. Je suis convaincu que le corps n'oublie rien. On peut s'arranger avec sa mémoire comme je l'ai fait pendant de nombreuses années, mais le corps lui, tôt ou tard, réagira. En apprenant cette nouvelle, j'ai été anéantie, j'avais l'impression de vivre une double peine. Elle avait détruit mon corps à tout jamais. Pour m'offrir le bonheur auquel j'avais droit, j'ai dû travailler sur mes blessures. J'ai réussi. J'ai réussi à comprendre que je n'étais pas coupable, que je n'avais pas à avoir honte. J'ai compris que pour guérir je devais parler, libérer ma parole. Alors j'ai parlé, j'ai affronté l'agresseur et j'ai raconté mon histoire. On m'avait dit que je ne pourrais pas être enceinte sans aide médicale. Pourtant quelques semaines après avoir libéré ma parole, je suis tombée enceinte.

J'ai réussi, j'ai gagné. J'ai réellement compris et assimilé que pour avancer il fallait que je combatte le passé.

LES ÉNERGIES PRÉSENTES ET LE FÉMININ SACRÉ

Tu as ce besoin profond de te traiter comme une reine, comme une goddess. Lorsqu'on parle de reine, il y a l'idée de « régner » et lorsque notre féminin devient sacré c'est vraiment le fait de ne laisser personne régner sur vous. J'aime ce côté « reine » qui chez moi est plutôt « *bad bitch queen* » parce que ça renvoie à cette puissance, ce pouvoir, mais qui est entouré de bienveillance. Lorsque tu es une reine, ou une *bad bitch*, tu ne laisses jamais personne te maltraiter, tu respectes les autres et tu demandes le même respect. De plus, si toi tu t'aimes, tu te chéris et tu te respectes tu demandes aux gens autour de toi d'être à la hauteur du respect que tu te donnes, tu n'accepteras jamais moins. Lorsque tu découvres ton féminin sacré, tu es authentique, tu es vraie. Tu ne perds pas ton temps avec des choses telles que l'hypocrisie ou les gossips, tes conversations sont réelles, l'amour que tu donnes aux autres est réel. Plus tu es connectée à ton féminin sacré, plus les femmes sont toutes tes sœurs, tu n'as plus d'envie de les voir comme des ennemies, il n'y a plus de place pour la compétition féminine, tu aimes plus profondément, plus rapidement, mais de façon plus vraie. Un amour inconditionnel qui est totalement à l'opposé de la dépendance affective. Tu n'as plus besoin de poser des conditions pour t'aimer « je m'aime si je perds 5 kg, si je gagne 5 kg, si je suis blonde... », inconditionnel signifie sans aucune condition, tu t'aimes pour le pouvoir que tu incarnes. Tu seras cyclique, car fortement reliée à ton cycle menstruel, qui tourne, tout comme toi. Tu vas développer ton pouvoir personnel, tu vas laisser nager cette puissance. Tu es puissante et tu sentiras que tu deviens ta meilleure alliée, tu n'as plus aucun doute. Tu as trouvé la bonne personne pour toi. C'est toi. Douceur maternelle, la figure maternelle est celle qui sait prendre soin, pas spécialement vouloir des enfants, mais tu seras dans cette douceur qui prend soin des autres. Et ce courage aussi, tu vas être capable de prendre des risques, tu sais que cela va fonctionner. Et ce n'est pas tout ! Le féminin sacré c'est aussi : de la joie, de l'espoir, de la compassion pour les autres, de l'indépendance. **Ça te donne envie de découvrir ton féminin sacré ? Tu as besoin de *disconnet to connect*.**

ET PARFOIS IL SUFFIT DE...

Desserrer ta mâchoire.
Relâcher tes épaules.
Prendre une profonde inspiration.
Relâcher la tension en expiration.
Être consciente de ton corps.
Remercier ta vulve et lui dire que tu l'aimes.

DÉCONNECTÉE DE TON POUVOIR FÉMININ	CONNECTÉE À TON POUVOIR FÉMININ
Incomplète	Tu te complètes toi-même
Sans amour pour toi-même et les autres	Tu es confiante
Insécurité constante, manque de confiance en toi	Serviable envers ton prochain
Peur de l'échec, peur de perdre, peur de tout	Remplie de compassion
Mal dans ta peau	Tu vis dans la paix
Bloquée dans le passé	Tu nourris ton âme constamment
	Sensuelle dans ta force

TRAVAILLER SON ANCRAGE PENDANT SON CYCLE

TON CORPS	TON ESPRIT	TON ÂME
Cohérence cardiaque Exercices de respiration Yoga, danse Joue avec tes 5 sens	Suit une thérapie avec un.e psychologue Pratique la pleine conscience quotidiennement (manger, marcher de façon consciente) Sois empathique envers toi-même Pose tes limites vis-à-vis des autres et de toi-même Affirmations positives quotidiennes	Travaille sur tes blessures de l'âme, sans être trop dure avec toi Identifie tes valeurs profondes et respecte-les Entoure-toi de personnes alignées Méditation sur l'enfant intérieur et le senior intérieur Engage-toi pour être sur ton chemin de vie

Prends le temps de purifier tes énergies, c'est tellement important. Ma technique préférée depuis toujours est celle de la douche : tu rentres dans la douche et tu imagines que l'eau qui sort du pommeau nettoie tout ce qu'il y a sur toi. Si je sais que j'ai absorbé des énergies négatives, j'imagine que l'eau qui sort du pommeau est blanche, rayonnante et qu'elle emporte le noir qui est sur moi. Si je ne peux pas prendre de douche j'imagine une lumière blanche passer à travers moi, mes chakras. J'adore cette sensation. Pour purifier tes énergies tu peux aussi méditer, utiliser des cristaux tels que la sélénite, écouter ou répéter des mantras, utiliser ta respiration, à chaque inspiration tu laisses sortir l'énergie négative et à chaque expiration tu absorbes l'énergie positive. Tu peux aussi allumer une bougie de couleur blanche, son utilisation n'est pas banale, la couleur de la bougie est extrêmement importante.

LE YOGA

Récit de Chloé, créatrice du compte Instagram @yogalune

Moi c'est Chloé, créatrice du compte Instagram @yogalune, un univers doux dans lequel je transmets avec passion la magie du yoga mêlée à d'autres inspirations telles que la spiritualité et le développement personnel. Je partage sur ma chaine YouTube, mon compte Instagram ainsi que dans mes cours en ligne et en salle une approche du yoga qui vise à s'accueillir inconditionnellement dans sa belle complexité, tout en recherchant continuellement l'équilibre de nos énergies opposées.

Aujourd'hui le yoga n'est presque plus à présenter tellement la pratique est tendance et présente partout dans le monde, y compris sur nos écrans. On a presque toutes entendu le récit d'une connaissance s'étant lancée (parfois suite à une période compliquée) et dont la vie s'est trouvée améliorée, voire transformée. Beaucoup d'entre nous en ont cependant encore une conception bien limitée et souvent réduite à ces deux clichés : celui de la yogini assise en lotus en train de méditer sur ses chakras dans un état transcendantal, et celui de la yogini acrobate réalisant avec maîtrise un ensemble de postures toutes plus impressionnantes les unes que les autres.

Bien que ces stéréotypes soient fondés et représentatifs de deux aspects bien réels de la pratique, le yoga est en réalité bien plus complet, inclusif et large et c'est pour cette raison qu'il touche tellement de personnes de tous profils et de tous horizons. Chacune peut en réalité trouver le yoga qui lui correspond et se créer un espace sacré dans son quotidien. Il suffit pour cela de faire un pas sur ce chemin. Car oui, comme beaucoup de belles choses dans la vie, le yoga est avant tout un chemin continu. C'est en avançant pas à pas et en découvrant ses nombreuses facettes qu'on apprendra à reconnaître ce qui nous correspond. Aussi, on veillera à laisser notre pratique évoluer et s'adapter au gré de nos besoins qui sont en constant changement. Bien au-delà de ses bienfaits physiques qui ne sont plus à démontrer, voici quelques dimensions plus subtiles de la pratique qui en font un outil holistique et magique prenant soin de nous dans notre globalité.

M'accueillir comme je suis

Le premier cadeau qu'offre le yoga c'est qu'il m'invite à m'accepter telle que je suis. Là maintenant. Pas demain quand j'arriverai à être plus calme ou quand j'arriverai à réaliser telle posture, mais là, maintenant. Car qui je suis à cet instant est amplement suffisant. Je n'ai ni besoin d'être plus souple, plus fine, plus musclée ou quoi que ce soit d'autre pour pratiquer. En montant sur mon tapis, je n'ai aucun rôle à jouer, aucune performance à accomplir et absolument rien à prouver. Je peux être authentiquement moi, avec mon corps, mon esprit, et c'est tout. Je peux accueillir mon corps avec ses limites. Observer là où ça bloque, le ressentir pleinement et abandonner mes jugements. Car les postures ne sont jamais un but en soi, mais une direction, un chemin. Je n'ai absolument pas besoin de savoir faire parfaitement les postures pour dire que je fais du yoga. C'est en étant en chemin vers la posture que je suis en train de faire du yoga.

La pratique m'aide également à accepter tout ce que je vis en dehors de mon tapis. Car même si l'idée est de revenir dans l'instant présent et de laisser le reste de côté, je n'ai bien sûr pas à repousser quoi que ce soit. Si elles surviennent, je peux accepter mes émotions, mes pensées, et les laisser me traverser librement. Je peux accueillir ma complexité et mon joli chaos intérieur. Je peux remarquer que c'est quand j'accueille tout ce qui me traverse, y compris les choses désagréables, que je peux avancer vers un mieux-être. Qu'il me suffit parfois de respirer dans cet inconfort, de le laisser exister pour qu'instantanément il s'apaise. Et observer que, dès l'instant où je prends le temps de respirer dans ce que je vis, mon énergie intérieure se modifie.

Équilibrer mes énergies

De manière générale, les postures coordonnées avec la respiration vont faire venir « circuler mes énergies ». Cela va agir sur des éventuels blocages (dont je n'ai pas toujours conscience), comme des émotions enfouies et en quelque sorte « coincées » dans mon corps. Je vais ressentir davantage de fluidité, de légèreté tout en me libérant énergétiquement de ce qui est prêt à être libéré. On a tendance à sous-estimer le pouvoir du souffle, mais la respiration c'est la base de toute vie, et donc de toute énergie. Inévitablement, quand j'amène plus de conscience vers ma respiration, se créent un rééquilibrage et un nettoyage en moi. C'est comme si je prenais un grand bol d'air frais à chacune de mes inspires, et que je nettoyais toutes les tensions qui me pèsent mentalement et émotionnellement à chaque expire.

Pratiquer le yoga va aussi jouer sur mes énergies féminine (yin) et masculine (yang), présentes en chacune de nous. Lorsque je me sens pleine d'une énergie solaire, reliée à ma puissance et à mon potentiel, la pratique va me permettre de la soutenir et de la cultiver. Il s'agit là de mon énergie yang, solaire, chaude. Celle qui me permet de prendre toute ma place, de passer à l'action, de rayonner. Mon corps a alors besoin de bouger dans tous les sens, de s'étirer, de grandir et de se challenger. Cela donnera une pratique dynamique, avec beaucoup de postures debout comme les postures de guerrier(-ière !), qui viendront décupler mon ancrage, ma concentration et ma confiance en moi. Ce qui est d'autre part tout aussi intéressant c'est à l'inverse d'aller rechercher ce genre de pratique précisément quand je manque d'entrain et de confiance. Peut-être pas à chaque fois que j'ai un coup de mou (cela me demandera de pouvoir identifier mes besoins), mais d'aller stimuler cette énergie qui me manque peut être vraiment bénéfique ! Cela vient par ailleurs me montrer à quel point je suis riche de ressources insoupçonnées ! Je peux tout à fait démarrer une séance avec une fatigue intense et une énergie proche de zéro, et terminer revitalisée et rayonnante de vie. C'est ça, le changement d'énergie qui se produit !

Et puis, à l'opposé, il y a ces moments où, notamment durant les menstruations, le corps ressent un vrai besoin de lenteur, de douceur et d'amour. Je vais alors lui donner un vrai soin en optant pour une pratique davantage yin. Lorsqu'on est quelqu'un de très sensible ou émotif et qu'on a besoin de régulièrement digérer ses émotions et ses ressentis, ce genre de séance est éga-

lement particulièrement recommandé. Cultiver mon énergie yin, féminine, me permet de prendre soin de moi à un niveau plus profond. Ma pratique sera davantage axée sur des postures « réceptives » ou « restoratives ». Regroupant toutes les postures assises et couchées telles que la posture de l'enfant ou celle du papillon allongé. C'est ici mon côté lunaire qui s'exprime et qui est honoré. Je peux alors, comme à l'image de la lune, briller à partir de ma propre dualité, acceptant d'être à la fois lumière et obscurité.

Me relier à ma puissance

La dernière dimension que je souhaite aborder c'est la façon dont le yoga permet de nous reconnecter avec notre essence profonde. Dans la vie de tous les jours, nous sommes très souvent et la plupart du temps inconsciemment pilotés par notre mental et notre ego. Sans nous en rendre compte, nous nous limitons énormément et agissons souvent par peur et par conditionnement. En pratiquant le yoga régulièrement, je commence à percevoir quelque chose de plus grand et de plus beau à l'intérieur de moi. Car le fait de revenir dans mon corps, d'apaiser mes pensées et d'accueillir mes émotions me fait expérimenter une nouvelle façon d'être. C'est comme si je me redécouvrais sans tous les masques imposés par la société.

Je vais alors peut-être pouvoir ressentir, en fonction de mes propres croyances, l'énergie de mon âme, de mon intuition ou de ma petite voix intérieure. Je vais me sentir de plus en plus proche de moi-même. Et cela va me permettre de me sentir plus reliée en retour à tout ce qui m'entoure... Les autres, les animaux, la nature, la vie dans son ensemble. Pratiquer régulièrement me permet de cueillir chaque jour et d'en accepter l'impermanence. De constater que chaque fois que je monte sur mon tapis c'est une expérience différente et que je ne suis moi-même jamais exactement la même. J'accepte ainsi ma propre nature cyclique, avec mes propres vagues intérieures, leurs montées comme leurs descentes.

Tout cela m'amène à vivre davantage l'instant présent, à m'ouvrir et à recevoir toute l'abondance qui m'entoure. Je découvre des ressources insoupçonnées en moi telles que ma propre puissance créatrice... Et je réalise que j'ai le pouvoir de créer la vie qui m'inspire. C'est tout ce champ des possibles qui s'ouvre alors que je choisis de revenir à moi et de prendre soin de mon entièreté. Le chemin ne fait alors que commencer.

CALMER LE MENTAL

Le mental, la santé mentale sont des parties de nous dont on doit prendre soin. En dehors de toutes les maladies psychologiques ou psychiatriques qui nécessitent une prise en charge et que je n'aborde pas dans ce livre, car ce n'est pas mon domaine, tu dois savoir que ton mental et ta santé mentale sont des points clés qui relient ton corps physique et ton corps énergétique. Tu crois vivre dans un seul monde ? Non, tu vis dans deux mondes, celui dans ta tête et le monde physique, donc encore une fois ici je te montre que oui tu as ton corps énergétique, mais aussi ton corps physique. J'ai besoin que ce concept soit ancré en toi pour que dans ton self-care tu saches lequel a besoin d'être chouchouté, rassuré. Le mental est une partie de nous qui domine l'autre monde, le monde mental. Toute chose nait d'une pensée. Même la table devant toi, c'est une table qui a d'abord existé dans le mental, même ce livre, a d'abord existé dans ma tête avant d'être dans tes mains. Donc si on part du principe que toute chose existante crée le monde, notre tête c'est un monde puisque dedans il y a énormément de choses qui se passent, qui naissent, qui meurent. Sache que tu vis presque 70 000 pensées par jour de façon rapide, inconsciente et il se peut que tu sentes que ton mental te joue des tours. Parfois il prend le contrôle et tu sens que cela devient angoissant, quelque chose que tu n'arrives pas à contrôler, et c'est Ok, tu n'as pas besoin de contrôler chaque chose, mais il ne faut pas que ça prenne le dessus sur TOI. Plus tu es fatiguée, sans énergie, plus les pensées prennent le contrôle et se permettent de gérer un peu ton esprit, parce qu'elles sentent ton épuisement. Prendre soin de ce qui se passe dans ta tête est important, tu ressens de l'angoisse, de l'anxiété passagère je te conseille de te féliciter pour tes victoires, déclenche ces bonnes hormones, regarde toutes ces fois où tu as gagné, félicite-toi bordel ! Dans l'éducation que nous recevons, peu de parents disent à leur enfant de se féliciter et de se remercier. On vit constamment dans ce stress de tout perdre d'un coup, on se laisse submerger par des pensées qui viennent créer du stress très fort et on a l'impression que ce sont nos pensées qui prennent le contrôle sur nous. Maîtriser tes pensées est quelque chose qui demande du temps, mais c'est possible. Rationalise ta pensée. Tu penses que tu es nulle. Pourquoi ? Pourquoi tu te parles si mal ? Qu'est-ce qui te pousse à dire ça ? Quelles victoires as-tu obtenues dernièrement ? Accepte. Ressens. Accueille. Parle et visualise.

C'était la veille de la remise finale de mon livre. Je venais de passer trois horribles jours suite à une épreuve de l'Univers extrêmement dur. Ma vibration était basse, je n'avais pas mangé depuis quelques jours, les cernes commençaient à se montrer de plus en plus et j'étais épuisée. J'ai tiré une carte de mon oracle qui disait : « Augmentez vos vibrations ». J'ai compris. J'avais besoin que cette épreuve s'arrête mais je n'allais pas chercher en moi, je ne faisais rien pour me connecter à moi, à mon enfant intérieur, la petite

Amal devait sûrement être brisée, stressée, en totale insécurité. Notre enfant intérieur, lorsque nous vivons une épreuve difficile, souffre énormément. J'ai donc réalisé ce rituel que je tiens à partager avec toi. J'ai commencé par faire l'activité que je préférais lorsque j'étais petite : colorier. Je coloriais et je parlais à mon enfant intérieur en lui disant que tout allait bien se passer, il n'y avait pas de quoi souffrir, on allait s'en sortir. Suite à cela, j'ai fait une méditation guidée sur l'enfant intérieur et finalement, j'ai empilé plusieurs gros coussins pour pouvoir hurler, taper dedans. Je me suis assise au sol devant les coussins et j'ai tout lâché, j'ai eu une énorme crise comme quand j'étais enfant et que je m'écroulais pour un oui ou pour un non, que je pleurais facilement et sans aucun filtre. J'ai tout lâché. C'était ma thérapie. Si tu es croyante, n'hésite pas à parler et prier Dieu. Si tu ne l'es pas, tu peux parler à l'Univers en lui disant tout ce que tu as sur le cœur. Ce fut une libération émotionnelle très forte : crier comme un enfant, taper des poings sur le coussin, hurler, dire que je déteste cette personne, et plein d'autres choses moralement immatures qui m'ont fait un énorme bien, à moi et à la petite Amal.

Chapitre 7
SEXE ET ÉNERGIES

DÉCOUVRIR SES CHAKRAS

Ce jour-là j'étais assise devant l'hôpital, je portais un jogging gris avec une énorme doudoune qui m'arrivait au genou, c'était typiquement le genre de *outfit* que j'adorais porter en stage, confortable et qui me cachait. J'avais des boutons de stress plein le visage, une odeur de clope froide entre deux doigts, des cernes noirs alors que je n'en avais jamais. On était en février, il faisait mi-froid, mi-chaud. Bruxelles, ma belle et sa météo confuse. Je sentais un peu le soleil sur mes mains et le vent me caresser le visage. J'étais assise devant l'hôpital et j'avais les yeux remplis de larmes. J'ai tellement pleuré durant cette année scolaire que les larmes faisaient partie de mon quotidien. Je me souviens d'une vieille dame – il y en a toujours une dans les histoires fortes, tel un ange qui apparaît lorsque l'on est au plus bas –, qui m'avait souri et m'avait glissé : « C'est triste de vous voir pleurer, mais je sais que vous êtes forte. » Ah ça oui, j'étais forte, toute ma vie a été un champ de bataille, j'étais même une guerrière, mais ce jour-là j'étais abattue. Une sage-femme m'avait roulé sur le pied avec un énorme lit de néonatologie et je l'avais entendue en rire dans la salle de repos. Aucune empathie pour la petite influenceuse. J'avais un mal de pied horrible, c'était un pied qui était déjà blessé, au travers de mes crocs verts et mes chaussettes blanches je voyais du sang, je me disais : « On est arrivé au stade où on me fait du mal physiquement, car je suis une personnalité publique dans des études médicales ». J'étais sortie, avec toute la rage du monde et d'un mouvement ferme j'avais pris ma veste, mon sac, et j'avais quitté le service en disant d'un ton hypocrite : « Au revoir, merci, à demain » et elles avaient répondu d'un ton encore plus hypocrite « Soigne-toi bien ». J'étais enfin devant la porte de la sortie, l'air qui balayait mon visage me faisait un bien fou, je voulais juste quitter ce merdier qui venait encore de me donner une gifle. J'ai attrapé mon téléphone sans hésiter et j'ai composé le numéro de la personne la plus fiable au monde selon moi : ma meilleure amie. Notre conversation était vide, j'étais vidée aussi et elle extrêmement choquée, mais elle savait exactement de quoi je parlais : elle vivait aussi ces stages et ces études. Ce jour-là je lui ai dit : « Meuf, j'en peux plus je suis à bout ». Je ne sais pas si elle comprenait, car mes mots se perdaient dans mes sanglots, elle m'écoutait à l'autre bout du téléphone, sans armes. On pouvait rien y faire. Elle était sans voix, comme si mon histoire était si violente qu'elle l'avait tétanisée. J'ai raccroché, j'avais besoin de ma mère. Elle a essayé de me calmer, mais a fini par pleurer de tristesse, elle ne me n'avait jamais entendue et vue dans cet état de désespoir. Les derniers mois elle avait plus entendu ma voix mêlée à mes larmes que mon rire. Je n'avais pas la force de rire. Je suis restée assise sur ce banc, j'avais si froid aux fesses, il était vraiment glacé. En plus comme à mon habitude, j'étais encore sortie sans culotte. Mais mon âme était tellement froide que je ne le ressentais pas. J'étais dépassée. J'avais subi du harcèlement étant petite, je m'étais tellement battue pour réussir malgré ma sacrée tête d'arabe et mon nom de famille qu'on a écorché toute ma scolarité en Italie. Je me suis battue en Belgique, j'ai été diplômée d'une école moyenne donc j'ai dû me battre pour entrer à l'école de sage-femme. Ces études qui me faisaient rêver depuis mes 7 ans, depuis le jour où j'avais accompagné ma mère chez le gynécologue, étaient en train de me détruire. Je ne savais plus quoi faire. J'avais demandé à rentrer chez moi à cause de mon pied, j'avais senti le jugement dans leur regard. Je suis arrivée à la gare et je me suis dit : « et si je saute ? ». J'en étais arrivée à penser au suicide plutôt que d'accepter l'échec de cette scolarité. Dans le train, j'étais ravie de porter le masque ça me permettait d'avoir le nez qui coule sans que personne ne le remarque. J'ai regardé par la fenêtre du train et j'ai vu énormément d'arbres, de verdure, ça m'a apaisée. J'ai eu envie d'arrêter le train, comme si c'était un bus, de descendre et m'asseoir au milieu de nulle part et hurler. Hurler toute ma douleur, toute cette injustice. Putain, je me suis battue pour en arriver là, je me suis battue pour prouver que j'étais une arabe compétente, j'ai passé des nuits à réviser. Putain de merde. Je suis arrivée chez moi et je me suis effondrée sur mon lit, l'oreiller absorbait mes larmes, j'avais l'impression que même lui avait de la compassion pour moi. Pendant que dans mon magnifique appartement que je me payais grâce à mon business résonnaient mes pleurs, je me suis dit : « j'ai envie d'écrire », j'ai rempli un carnet entier, je me suis sentie vidée. J'ai tout vomi dans ce carnet. J'ai même pris une assiette, j'ai écrit tout ce que je voulais laisser derrière moi, ce qui m'énervait et j'ai été la casser. J'avais pris soin de mon corps énergétique sans même le savoir. J'étais assise au milieu de mon couloir après cette après-midi riche en écriture et en larmes. Je me sentais mieux, mais cette odeur d'hôpital, ce goût d'échec que ces sages-femmes frustrées m'avaient laissé me hantaient. J'avais besoin de reconstruire mon âme, et pas seulement mon physique. Car oui, j'avais pris 15 kg à cause du stress, mais ce n'était pas ça qui me rendait malheureuse, c'était mon âme, mes chakras complètement déséquilibrés, j'étais déconnectée de tout.

C'est à travers ces moments de ma vie que je décide de te présenter **les chakras** (voir l'illustration page suivante). Je vais te présenter l'alignement qui te permettra de prendre soin de ton corps énergétique. C'est une vraie méthode de self-care. On ne connaît pas tous et toutes nos chakras alors qu'ils font partie de notre corps énergétique et ils ont aussi besoin de se sentir chouchoutés. Tu as plusieurs chakras, notre corps humain est composé d'énormément de canaux énergétiques. Ce que les scientifiques ont prouvé et nommé « canaux énergétiques humains » sont dans la spiritualité : les chakras. Je vais te présenter les sept plus importants, qu'on connaît le mieux et que tu peux aligner facilement en travaillant sur toi constamment. Tu as, tout en haut, sur ta tête, le **chakra coronal** (point violet) qui lui est symbole de connexion, spiritualité et mission de vie. Sur ton front, au milieu, tu retrouves le **chakra du troisième œil** (point bleu foncé) qui lui incarne ta clairvoyance, autrement dit, ton intuition, ton ressenti. Plus bas tu as ton **chakra de la gorge** (point bleu clair) c'est la communication et ta parole. En descendant, tu retrouves ton **chakra du cœur** (point vert) qui lui représente l'amour, les relations et la gratitude. Plus bas, le **chakra du plexus solaire** (point jaune) qui correspond à la sérénité, la positivité et le calme intérieur. Après le chakra du plexus solaire, on est sur le **chakra sacré** (point orange), celui que je relie à la sexualité et l'énergie sexuelle, il incarne les émotions, la sensibilité et l'estime de soi. Et finalement on retrouve le **chakra racine** (point rouge) qui symbolise l'ancrage, le sommeil et la vitalité.

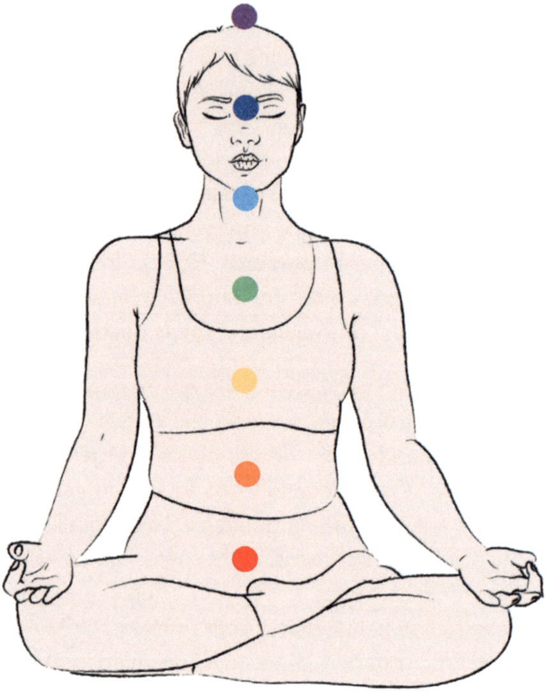

Tous ces chakras sont importants pour notre fameux équilibre, c'est une forme de self-care extrêmement puissante. Chaque chakra se travaille d'une certaine manière, mais rien ne t'empêche de trouver d'autres méthodes qui te correspondent, comme la manifestation, il n'y a aucune limite. Tu es ta propre spiritualité, le plus important avec le développement personnel n'est pas d'être parfaite, mais constante dans tes rituels, dans la découverte de toi.

ANALYSER SES CHAKRAS

CHAKRA BLOQUÉ	CHAKRA ÉQUILIBRÉ	CHAKRA SUR-STIMULÉ
Lorsque le chakra coronal est bloqué, tu ressens un blocage au niveau de l'apprentissage de nouvelles choses.	Lorsqu'il est équilibré, tu ressens un amour incroyable, tu développes ton intelligence.	Tu as des addictions obsessionnelles par exemple envers la spiritualité, alors qu'il faut lâcher prise sur tout dans la vie.
Lorsque le chakra du troisième œil est bloqué, ton jugement n'est plus clair, tu ne sais plus voir au-delà du physique.	Lorsqu'il se porte très bien et est aligné, tu es intuitive, tu as une vision claire et confiante, tu vois dans l'âme des gens.	Tu es critique envers toi et les autres, tu peux faire face à des cauchemars.
Lorsque le chakra de la gorge est bloqué, tu as du mal à t'exprimer, et tu n'es plus une oreille attentive.	Lorsqu'il est ouvert, ta parole est confiante, claire, passionnée et tu es diplomate et bienveillante dans tes mots.	Ta parole n'a plus de valeur, tu parles constamment des autres, tu aimes les gossips.
Lorsque le chakra du cœur est bloqué, tu ne ressens plus l'empathie, la compassion, mais beaucoup de haine. Tu ne permets pas à tes émotions de voyager.	S'il est équilibré, tu te sens en paix. Tu ressens la compassion, tu es tolérante.	Tu ressens de la jalousie, tu te sacrifies constamment, tu donnes beaucoup, tu n'es pas ta priorité.
Lorsque le chakra du plexus solaire est bloqué, tu n'as pas confiance en toi, tu te sens inférieure aux autres.	Tu ressens majoritairement du self-love en toi, tu as une bonne image corporelle, tu t'aimes et te respectes.	Perfectionniste, dominante, manipulatrice et critique envers toi et les autres.
Lorsque le chakra sacré est bloqué, tu peux ressentir une baisse de libido, d'énergie sexuelle, peu de créativité et un isolement.	S'il est équilibré, l'énergie sexuelle arrive à voyager dans les sept chakras, tu te sens créative, saine et ouverte.	Tu te sens manipulatrice, obsédée par le sexe de façon toxique.
Lorsque le chakra racine est bloqué, tu te sens anxieuse, instable, tu as l'impression de ne pas évoluer dans ta vie.	Tu te sens en sécurité, alignée, heureuse de vivre et ancrée.	Tu te sens agressive, superficielle et cynique envers les autres.

L'INTUITION

À un examen, j'ai changé une réponse des dizaines de fois par doute, alors que j'avais mis la bonne réponse. J'ai été à des soirées alors que mon intuition me disait de ne pas y aller, et j'ai regretté. J'ai fait l'amour avec passion alors que ma logique me disait de ne pas le faire, mais mon intuition avait raison, j'ai vécu des histoires folles. Je suis devenue amie avec des personnes que mon intuition me disait de fuir, et j'en ai tiré de belles leçons. J'ai choisi ma destination de vacances en suivant mon intuition et pas ma logique, et j'ai passé des vacances inoubliables et qui ont changé ma vie. J'ai arrêté mes études de sage-femme au bord de la dépression alors que mon intuition hurlait en moi depuis des mois. L'intuition est un concept trop complexe pour les humains, ça vient d'une énergie, une force supérieure. C'est animal et magique en même temps. L'intuition est folle, illogique, mais elle a toujours raison. Toute ma vie, j'ai cru qu'il fallait faire des choix par logique, et pas en suivant son ressenti. Mon intuition me parlait, mais d'un point de vue rationnel, ma tête me hurlait « n'importe quoi ». J'ai fait l'erreur des centaines de fois et ensuite je me disais toujours : « Amal, écoute-toi, tu le savais depuis le début ». Maintenant j'ai compris. Et pour comprendre, j'ai fait l'erreur. Tu vois quand je te dis que les erreurs sont splendides. Aujourd'hui mon intuition est devenue une de mes plus belles forces, c'est comme si j'avais le numéro de ma goddess intérieure.

Lorsque je parle d'intuition, je pense directement au chakra du troisième œil, parce que je suis persuadée que notre goddess intérieure nous parle *via* cette intuition. Selon moi c'est le langage que ta goddess utilise pour te mettre en garde, pour te pousser à te lancer, prendre des risques, et t'envoyer plein de petits messages quotidiens. Je dis toujours d'écouter son intuition et justement ce qui est complètement incroyable avec celle-ci, c'est que plus tu lui fais confiance, plus elle se développe. En ne l'écoutant pas, elle cessera de t'envoyer des messages. Tu as besoin de la développer, de la croire et l'écouter. L'intuition est quelque chose que nous avons en nous et qui a besoin d'être travaillée, sur des bases solides, mais surtout d'être séparée du mental. En effet, une des choses les plus compliquées, selon moi, est de différencier intuition et mental. Ce dernier te pousse à te faire des films, à être un peu « parano », faire des scénarios très dramatiques, qui deviennent même une source d'angoisse pour toi. Tu as besoin de faire la différence entre ton mental qui te joue des tours et ton intuition qui te parle, essaie d'analyser comment ça se déroule lorsque tu as une intuition. Généralement, tu sens ton cœur s'ouvrir et te dire « je sens que… » alors que le mental va surtout te mettre dans un état d'hyper vigilance et notamment quand tu es seule en train de t'angoisser à penser à une, deux, trois, quatre choses qui te procurent du stress. L'intuition est bienveillante, bien souvent elle te pousse à te faire du bien, à aller dans certains endroits en particulier, tu sens que ton corps dit « oui » ou « non », il vibre avec l'intuition alors que le mental te provoque un sentiment d'insécurité.

ACCUEILLIR LA MAGIE

Tu l'auras compris : l'intuition n'a pas toujours de raison logique, elle te donne des idées qui demandent une prise de risque, mais s'il y a bien une chose que je te conseille d'apprendre à faire c'est accueillir la magie de la vie, la magie du développement personnel pour te réveiller un matin en étant différente. Une méditation te donne des prises de conscience, une séance chez la kinésithérapeute te fait comprendre 1 001 choses, une discussion autour d'un café va te faire l'effet d'une gifle. Tu dois accepter que dans ce mode de vie qui prône le développement personnel et la spiritualité, il n'y a pas de règles, juste des concepts qui se mêlent à tes valeurs personnelles, ta religion (ou pas). Tu crées ta propre spiritualité comme bon te semble, mais il faut te laisser porter par la magie de l'Univers et/ou Dieu. Tu dois te laisser porter par ce monde inconnu, cette prise de risque, cette rapidité et puis cette lenteur que la vie va te proposer. Tu vas réaliser que tout est possible, que l'illogique n'existe pas. Tu seras déjà abondante sans être riche, tu deviendras riche et tout aussi abondante quand les mots prendront une autre forme. Que le *timing* est divin, et que tout arrive au bon moment. *Trust the process.* Accepte que plusieurs vérités sur UN sujet puissent exister, et que c'est totalement Ok. Tu dois te laisser aller, y croire même sans jamais l'avoir vécu. Souvent je dis que ma foi est plus grande que mes peurs. La foi en quoi ? En tout. Je crois en tout. Je crois même sans avoir jamais vu de mes yeux, parce que j'ai compris qu'ils me trompaient parfois.

Même si quelque chose était devant moi, c'était faux. Alors que quelque chose que je n'ai jamais vu me semble si important comme mon âme, mes chakras, mon alignement, l'amour, l'amitié, tout ceci je ne peux ni le toucher ni le voir et pourtant j'y crois d'une force surhumaine. Je t'invite à voir la vie de ce côté-là, il y a des choses en toi, dans les autres, dans le ciel, dans l'Univers que tu ne vois pas, mais ce n'est pas grave. Laisse-toi aller, surtout pour la manifestation, ne te laisse pas prendre par le « passé » et le « futur » vit le moment présent, c'est le seul moment qui compte vraiment et il est magique. La magie est partout, laisse la vie te montrer la magie qu'elle n'a jamais osé te montrer, car tu n'étais pas prête. Tu vas te sentir comme une nouvelle femme, une nouvelle personne. Tu seras capable de voler tout en marchant sur Terre. Laisse-toi vivre, fous-toi la paix et sois magique.

« N'OUBLIE JAMAIS QUE LE TIMING EST DIVIN. »

LE PERFECTIONNISME

Une de mes anciennes tortures préférées. Le perfectionnisme n'existe pas. C'est juste le fait de manquer de confiance en soi, de reporter des choses par peur d'échouer, c'est la peur du jugement, la peur de ne pas plaire, de ne pas être acceptée. Le mot perfectionnisme contient le mot « parfait », mais le mot parfait en lui-même est surréaliste. Nous ne savons absolument pas ce qu'est la perfection, elle définit tout et tout le monde. On est toutes et tous parfaits, car nous sommes nous. Nous sommes parfaits dans nos imperfections. Merde. Même le mot imperfections ne veut rien dire. En fait, tout ce que je viens d'écrire ne veut sûrement rien dire parce que le parfait, l'imparfait, n'existent pas. On ne peut pas prendre une chose ou une personne et dire : « elle est parfaite », par rapport à quoi ? À qui ? Quelle définition porte ce mot ? Le perfectionnisme mène au contrôle alors que « faire les choses bien » mène à la maîtrise qui elle n'est pas toxique pour toi. Laisse derrière toi ce perfectionnisme qui t'empêche d'avancer et bloque tes chakras. Ça ne sera jamais parfait parce que nous ne savons même pas ce que cela signifie « parfait ». C'est exactement comme le fait de procrastiner, on pourrait croire que ces personnes sont des flemmardes, absolument pas, c'est le perfectionnisme qui mène à cette procrastination. Le perfectionnisme est la peur de mal faire, la peur de ne pas avoir la validation des autres.

TRAVAILLER SES CHAKRAS

Je vais te donner quelques conseils pour travailler, te connecter et aligner tes chakras. Sache que c'est normal qu'ils ne soient pas tout le temps équilibrés. Tu es une humaine. Tu as le droit et tu as parfois besoin de ne pas te sentir bien. C'est pour cette raison que tu ne dois pas percevoir l'alignement des chakras comme un « devoir », mais plutôt comme un moyen de self-care.

Il t'est arrivé quelque chose alors que tu le pressentais *via* ton chakra du troisième œil, mais tu n'as pas écouté ton intuition ? Viens prendre soin de ce corps énergétique en écrivant une lettre à ton intuition, touche ton chakra du troisième œil et promets-lui de lui faire confiance. Tu as eu un rapport sexuel (consentant), mais tu étais prise par tes pensées pendant le rapport, tu n'étais pas présente ? Travaille ton chakra sacré, plus loin dans la lecture je t'explique comment le travailler, lui qui est relié à la sexualité.

Tu dois vraiment voir ce travail sur tes chakras comme un moyen de prendre soin de ton intérieur. Partout, et même sur ma plateforme @amaltahir, tu trouveras des méditations dédiées à l'ouverture des chakras. Elles sont tellement puissantes, j'adore en créer et les transmettre.

Par exemple, pour le chakra coronal, je pratique la sonothérapie. J'utilise des bols tibétains, que tu peux trouver facilement dans le commerce. Le bruit est hyper puissant. Tu peux aussi apporter une alimentation saine à ton corps, bien manger, détoxifier ton foie, ton corps ou par exemple faire une cure de vitamines.

Pour travailler ton chakra du troisième œil, tu peux utiliser ma technique préférée, la visualisation (je t'en ai parlé dans les chapitres précédents). C'est une arme puissante. Pour ce chakra, je pratique également le yoga. La posture que j'affectionne tout particulièrement, c'est le chien tête en bas. Et je mange des aliments violets tels que les myrtilles, le raisin, les aubergines. Le violet est la couleur du chakra du troisième œil.

Passons au chakra de la gorge : chante, même si tu estimes ne pas bien chanter, lâche-toi, crie, hurle, mets-y de l'émotion. Appelle une personne avec qui tu adores parler, d'ailleurs j'espère que tu ne t'entoures que de personnes qui t'inspirent, c'est important. Écris une lettre ou un message à l'Univers, à toi-même ou à une personne chère.

Le chakra du cœur se travaille, selon moi, en parlant de ses émotions, en se dévoilant aux autres. C'est pour moi un chakra délicat, car il fait appel à la complexité du trésor émotionnel humain et doit également laisser les émotions circuler, alors qu'il est devenu banal, dans notre société, d'être une personne qui ne montre pas beaucoup ce qu'elle ressent. Il est devenu difficile de pouvoir te montrer telle que tu es vraiment, donc va à contre-courant de ce mouvement, même une *spiritual bad bitch* pleure, et elle pleure beaucoup justement, car elle n'a pas peur de se montrer.

Pour le chakra du plexus solaire, je t'invite à faire des listes de gratitude quotidiennement, pour te ressentir pleine et reconnaissante.

Pour le chakra sacré, un de mes chakras préférés, car il fait partie d'un de mes domaines d'expertise, je te conseille de te masturber de façon consciente et passionnelle. Dans le chapitre suivant j'aborderai la pratique du *magic sex* avec ton.ta partenaire. Pour ce chakra, je t'invite aussi à danser, twerker. Le twerk est une des meilleures façons d'ouvrir le chakra sacré. Alors, enfile un short, un débardeur, mets la musique de ta *bad bitch* préférée et twerk comme jamais.

Pour le chakra racine, qui symbolise une forme d'ancrage, je te conseille de te mettre pied nu et de marcher dans la nature, prends un bain, connecte-toi à la nudité consciente, la nature, embrasse un arbre et sens-toi proche du vent, des oiseaux qui chantent.

COMPRENDRE LES MESSAGES

Travailler et aligner ses chakras est un outil de self-care pour ton corps énergétique. Nous nous laissons souvent prendre par la vitesse de notre société et nous ne donnons pas cet apaisement à notre corps énergétique, nous passons à côté de certains messages. Comme les messages des anges, les séquences de chiffres, les heures miroir, qui sont devant toi pour t'envoyer un message. Le jour où j'ai décidé de changer de vie, j'ai vu un *77777* (oui, cinq fois le chiffre sept) ce qui est énorme. Depuis ce jour, cette séquence de chiffre me suit lorsque je suis indécise ou que la peur refait surface. Regarde autour de toi, plein de messages te sont envoyés. Voici un tableau qui présente les séquences de chiffres les plus courantes et leur signification. Reviens sur ce tableau lorsque tu en vois une.

LES NOMBRES DES ANGES	LEURS SIGNIFICATIONS
111	Écoute ton intuition, elle est puissante. Tu es sur le bon chemin, aligne tes croyances à ce que tu as envie de manifester.
222	Le « 222 » nous parle des relations. Tu es exactement là où tu dois être, entourée des bonnes personnes.
333	Créativité, enfant intérieur sont les mots d'ordre du « 333 », utilise les talents, les dons que tu as en toi.
444	La stabilité. Renforce les bases de la maison que tu as envie de construire pour réaliser tous tes rêves, sans limites. Tu es protégée.
555	Le mot-clé est changement. Quelque chose va changer ou a changé dans ta vie, ton quotidien. Ou encore mieux, si tu as envie de changer quelque chose, fais-le, analyse ta situation.
666	Prends du recul. Tu en as besoin dans cette situation, quelqu'un a besoin de toi.
777	N'aie plus peur, de bonnes choses pour toi arrivent. La loi de l'attraction est ce dont tu as besoin, tu rentres dans une nouvelle phase.
888	Abondance, abondance et encore abondance. Tu es sur la voie de l'équilibre entre ton corps physique et énergétique. Tu as fait des sacrifices, tu vas bientôt récolter touuuut ce que tu as accompli.
999	La fin d'un cycle arrive rapidement. Un chapitre important de ta vie se termine ici. Tu vas vers ton chemin de vie.

L'importance des numéros, des chiffres, des heures. Une fois que tu apprends à être consciente du monde qui t'entoure, tu réalises à quel point le monde, l'Univers, Dieu t'envoie des messages. J'adore les chiffres, les numéros, les séries de chiffres et l'argent bien évidemment donc je me suis dit : et si je laissais intervenir une spécialiste ici ? J'ai décidé de laisser Alice t'emporter dans son monde le temps de quelques pages.

Récit de Alice Benoit

Alice Benoit est la créatrice de la numérologie intégrative® qui relie et connecte la puissance des nombres à celle du cœur pour intégrer dans votre quotidien et selon votre propre sens vos clés uniques de réalisation. Elle est également la créatrice du compte @a.l.i.c.e.numerologie

La numérologie est un puissant outil de connaissance de soi et de développement personnel ! Appelée science des nombres, la numérologie est l'étude du langage symbolique et sacré de vos noms, prénoms et date de naissance émettant une vibration unique dont les combinaisons influencent chaque aspect de votre vie... Mieux vous vous connaissez et plus vous pouvez être à l'écoute de vos besoins, de ce qui vous est porteur, et ce vers quoi l'Univers vous appelle et vous guide !

Le chemin de vie constitue l'ossature de votre thème numérologique et la voie d'accès vers votre réalisation. Il est la somme de votre jour, mois et année de naissance réduite à un nombre compris entre 1 et 9, sauf si, lors de ce calcul vous tombez sur un 33, 11, ou 22 : ces nombres étant des maîtres nombres avec une signification vibratoire bien différente, ils ne doivent pas être réduits.

Exemple :

12/07/1991 = 1+2+7+1+9+9+1 = 30   3+0 = 3 Chemin de vie 3

13/11/1989 = 1+3+1+1+1+9+8+9 = 33 Chemin de vie 33/6

Chacun va exprimer à sa façon son chemin de vie, et ce, en fonction de tous les autres éléments de votre thème personnel qui interagissent avec votre date de naissance, mais voici quelques grandes lignes.

Chemin de vie 1 : la souveraine

Sur ce chemin de vie, le maître mot est l'autonomie ! Tu as fondamentalement besoin d'être reliée à ton indépendance et d'être dans l'action !

Chemin de vie 2 : l'émotionnelle

Tu es profondément connectée à ta sensibilité et tu es extrêmement douée pour être à l'écoute et conseiller les autres.

Chemin de vie 11/2 : l'intuitive

Tu es incroyablement intuitive ! Tu captes et ressens tout ce(ux) qui t'entoure(nt). Écoute tes ressentis et avec cette énergie de maître nombre, vois grand !

Chemin de vie 3 : la créative

Ce que tu aimes par-dessus tout c'est être inventive ! Tu as absolument besoin d'être dans l'expression et la communication de toi-même. Développe ta créativité !

Chemin de vie 4 : la travailleuse

Tu as besoin de structure, de cadre, tu aimes suivre des techniques et des méthodes, tu incarnes par essence l'énergie constructrice !

Chemin de vie 22/4 : la bâtisseuse

Cette énergie de maître nombre déploie la vibration 4 et est en fait une énergie cosmique bâtisseuse. Dans ce chemin de vie on t'invite à construire grand, pour le collectif et de suivre tes puissantes inspirations...

Chemin de vie 5 : l'électron libre

Ton credo est la l-i-b-e-r-té ! Tu as profondément besoin de te sentir libre et aussi et surtout en mouvement. Tu aimes sans cesse changer, être dans le renouvellement constant de toi-même et de toutes les choses de ta vie !

Chemin de vie 6 : l'harmonieuse

Une énergie douce qui est en quête de bien, de mieux, de soin. Tu es très douée pour apaiser, concilier les situations, les autres, les projets...

Chemin de vie 33/6 : la soignante

Tu es une vraie soignante, car tu aimes amener de l'amour partout où tu peux prendre soin des autres. Par ce maître nombre, on t'invite à prendre des responsabilités pour apporter ce bien-être aux autres.

Chemin de vie 7 : la spirituelle

Tu es en véritable quête de sens ! Pour toi le sens est l'aspect fondamental de toute chose, et c'est d'ailleurs bien pour ça que ton cerveau tourne à fond, analyse et se pose autant de questions...

Chemin de vie 8 : la combattante

Tu as une vraie énergie combative en toi, tu as le sens du vouloir, et une puissante détermination de vie, surtout lorsqu'il s'agit de défendre les valeurs qui te sont chères !

Chemin de vie 9 : l'hypersensible

Tu ressens, perçois et vis tout plus fort que les autres ! Tu es extrêmement connectée à ta sensibilité et à tes émotions, car tu es profondément humaine, et tournée vers les autres.

LES 7 PLANS DE L'ORGASME

Je sentais tout mon corps battre comme s'il s'était transformé en énorme clitoris, je me sentais comme sur un nuage, je ne touchais plus les draps. Ces draps blancs en lin lavé si doux, je ne les sentais plus. J'ai cru que j'avais envie de vomir, mais non, c'était juste le plaisir trop intense. Je sentais toutes les cellules de mon corps se réveiller, je découvrais des endroits de mon anatomie, l'orgasme s'infiltrait dans tout mon corps, sans limites, sans peur, je le laissais voyager. Je venais d'avoir mon premier orgasme sur sept plans et pas uniquement au niveau du clitoris. J'avais réussi à déployer l'énergie de l'orgasme partout en moi. Que c'était bon. J'étais épuisée, je voyais flou et j'avais déjà envie de recommencer, je m'étais sentie vivante. L'orgasme c'est juste une sensation de folie, mais ce qui est encore mieux c'est la lenteur à laquelle ce fameux premier orgasme sur sept plans que je venais de vivre était arrivé. Il avait l'air si gentil, il n'était pas pressé, il a voyagé en moi et c'était le trajet le plus cool que j'avais fait vivre à mon corps. C'était tellement bon que je n'ai pas émis le moindre bruit. Tu vois les films pornographiques mentent avec tous ces cris, plus c'est puissant plus tu perds ta langue, je crois.

Ce que je viens de te raconter c'est un orgasme sur sept plans physiques. Car non, l'orgasme ne se vit pas uniquement au niveau du clitoris qui a des spasmes, il peut vibrer et voyager. C'est une énergie, comme tout dans cet Univers. Tu as besoin de le ressentir, de le découvrir sur les sept chakras. Ton orgasme peut bouger dans tout ton corps et te faire entrer dans ce qu'on appelle la **sexualité sacrée**, qui est un sujet tellement passionnant qu'il faudrait y consacrer un livre. Et peut-être que j'en écrirais un, un jour. J'espère que tu me feras une place dans ta bibliothèque parce que je pense que tu auras besoin d'un étage rien que pour moi ! Je te parle d'orgasme dans ce contexte, car le sexe seul.e ou à deux est aussi un moyen de self-care. La chose la plus importante est de respecter son consentement, si tu n'as pas envie de faire l'amour avec ton.ta partenaire, il faut que tu te respectes toi et ton corps et que tu dises non. Parce que si tu dis oui « pour lui faire plaisir » tu traumatises ton corps, tu le pousses à avoir une mauvaise relation avec le sexe. Oui ton corps, ton utérus, ton vagin ont aussi leur mot à dire sur les rapports. Le sexe est une bonne expérience pour toi et ton mental. Si je t'ai présenté les chakras, ce n'est pas uniquement pour que tu puisses les utiliser comme moyen de **self-care** c'est aussi pour améliorer ton rapport à l'orgasme. L'orgasme n'est absolument pas le but d'un rapport, le but est de ressentir du plaisir, de l'intensité et c'est ça qui va t'emmener à l'orgasme, si tu te focalises uniquement sur ça, tu finis par ne pas avoir d'orgasme et ne pas ressentir les sensations. Les sensations dans le sexe peuvent être très intenses, les zones érogènes sont stimulées, tu as cette proximité avec ton.ta partenaire et pour profiter de ces sensations je ne dirais qu'une seule chose : SLOW. Va plus doucement, prends le temps de stimuler le clitoris, le gland avec le bout des doigts, déposer le bout de ta langue, et ne pas rechercher cette vitesse et cette passion constamment. D'ailleurs le slow rime aussi avec passion, ce n'est pas ennuyant ou pas assez sauvage, au contraire. Ça permet de voir l'autre perdre encore plus le contrôle de soi, car le fait de ralentir permet d'encore plus ressentir. Tu vas rentrer dans une nouvelle sexualité, plus lente, plus intense et chaque partie du corps de ton.ta partenaire tu vas la ressentir mille fois plus. Tu vas pouvoir l'explorer, le.la savourer, sentir le moment où il.elle dépose sa langue sur toi, sentir véritablement tous ces moments et pas passer à côté à cause de la rapidité du rapport.

Ce qui est extrêmement important c'est aussi de se regarder dans les yeux profondément, coller son front à l'autre personne, ce qui permet une connexion extrêmement intime. Ressens la connexion avec ton·ta partenaire, cette connexion cérébrale et émotionnelle va venir transformer ta, votre sexualité. La sexualité est un domaine qui en dit beaucoup sur nous, sur ce que nous sommes, nos peurs. Souvent je rencontre des femmes, lors des coachings, qui ont peur de l'orgasme, c'est un moment tellement euphorique, un concentré d'hormones qui inconsciemment fait peur à certaines. Se laisser aller, s'abandonner à l'inconnu est quelque chose qui tétanise de nombreuses femmes. Cette peur du plaisir qui peut exister tout le temps, dans des moments masturbatoires ou uniquement avec son·sa partenaire. Certaines femmes vivent tellement dans le rôle que le patriarcat nous a assigné de « la femme parfaite » qu'elles s'empêchent cet abandon. Elles ont peur du regard de l'autre, de se découvrir une certaine liberté... il y a tellement de chemin à parcourir pour la sexualité des femmes de manière générale, mais si tu t'intéresses à ces sujets tu es sur la bonne voie pour bien vivre ta sexualité. Détache-toi des standards et des règles que tu as l'impression de devoir respecter pour avoir une sexualité épanouie. Tu as le droit d'apprendre, mais surtout de désapprendre tout ce que l'école et son éducation sexuelle médiocre t'a appris, ce que les films t'ont appris. Tu as d'abord besoin de faire ce travail pour te laisser aller à une sexualité qui te convient parfaitement.

« POUR DÉVOILER TON ÉNERGIE FÉMININE ET SEXUELLE, TU AS BESOIN DE TE LIBÉRER DU PATRIARCAT. »

L'ÉNERGIE SEXUELLE

L'énergie sexuelle c'est un sujet que j'ai énormément étudié et je vais partager ici ce que j'en ai compris. L'énergie sexuelle est un mélange de *sex appeal* qui a été travaillé par la personne, de confiance en soi, d'auto-excitation, des fantasmes, d'érotisme, de *dirty and slow sex*. C'est vraiment un ensemble, c'est ton trésor lié à la sexualité. L'excitation fait également partie de l'énergie sexuelle, elle n'est pas uniquement physique, mais aussi mentale, et cette excitation mentale compose aussi l'énergie sexuelle. Par exemple, penser ou parler de ton business, ou encore d'un de tes plus grands rêves DOIT te créer de l'excitation mentale et même physique. Ces « frissons » sont une forme d'expression de l'énergie sexuelle. L'excitation est souvent vue comme : une lubrification vaginale pour les personnes ayant un vagin et une érection pour les personnes à pénis, alors que non. L'excitation est une forme d'éveil de ton âme, tu sens que ça brule en toi. L'énergie sexuelle ne te pousse pas uniquement à faire l'amour avec intensité, à prendre du plaisir à faire monter la tension entre toi et ton.ta partenaire ou à te sentir sexuelle, c'est aussi toute forme d'excitation. Tu peux te sentir excitée pour une bonne nouvelle pas du tout sexuelle ou amoureuse et sentir tes tétons pointer ou sentir quelque chose au niveau vaginal/clitoridien et laisser tout ça circuler en toi. N'oublie pas que tout se passe dans la tête, le monde existe de deux manières : celui que tu vois et celui dans ta tête, même une chaise avant d'avoir existé physiquement elle a existé dans la tête de quelqu'un. **Ta tête est un monde**. La pensée est créatrice, ton utérus est créateur : de tes règles, d'un éventuel bébé (tu as le droit de ne pas vouloir d'enfant). L'énergie sexuelle est une des premières énergies qu'on ressent lorsqu'on rencontre quelqu'un, l'énergie sexuelle est une de celles qui voyagent partout, dans le regard, dans le toucher. J'estime qu'elle a le pouvoir de se poser dans tous les recoins de ton corps, dans ta démarche, dans ta façon de parler. C'est une des vibrations que tu dégages, même habillée, même hors contexte sexuel. C'est l'aisance que tu as dans ton schéma corporel, la façon que tu as de te masturber, de fantasmer. C'est une boule d'énergie au niveau de tes parties intimes, qui en fonction de toi, de ton parcours a une vibration différente qui vient se balader partout. Ton vagin vibre. Il est puissant. Ton clitoris vibre aussi. L'énergie sexuelle se transmet de partenaire en partenaire. Elle se construit dans le cerveau avant de se construire dans tes parties intimes. Ce sont toutes ces choses dans ton cerveau liées à la sexualité : les fantasmes, ce besoin d'avoir encore envie de découvrir des choses, de rêver de certaines choses sexuelles, de certaines personnes, de certaines pratiques, de réussir à érotiser ton corps, celui de ton.ta partenaire. Savoir érotiser signifie savoir canaliser et vivre son énergie sexuelle. Je te donne un exemple très concret pour que tu puisses comprendre ce qu'« érotiser » signifie. Lorsqu'on regarde les études, ou même la vie quotidienne, on le sait : peu de femmes et de personne ayant un clitoris et un vagin accèdent à l'orgasme par voie vaginale. En effet, du côté de l'appareil génital féminin c'est le clitoris qui vient déclencher la totalité des orgasmes (même si l'orgasme anal féminin existe aussi et le point G peut provoquer un orgasme, l'orgasme étant LE point culminant). Donc oui, l'appareil génital féminin dans sa globalité peut ressentir énormément de choses, même si le vagin ne donne pas d'orgasme les parois vaginales sont une « voie de l'orgasme » comme le col de l'utérus. Mais malgré tout, on est conscients que dans cette société les hommes cis (on ne va pas se mentir, c'est souvent eux) jouissent plus que les femmes dans un couple hétérosexuel. Et surtout, de manière générale, l'orgasme par voie vaginale (provoqué par la partie interne du clitoris) est « compliqué » à atteindre, pas parce que c'est dur ou parce que c'est « rare », c'est simplement parce que les femmes n'ont pas érotisé leur vagin. C'est très rare de voir, lors des séances masturbatoires, une femme qui ne s'arrête pas à la partie externe de son clitoris et qui va chercher son vagin et donc venir l'érotiser, lui donner du pouvoir sexuel. Les femmes se disent souvent que le vagin c'est pour les règles ou encore pour leur partenaire, mais que ce n'est pas quelque chose à aller voir seule. Mais si, absolument ! Il est à toi, si tu ne le réveilles pas toi-même, qui vas le faire ? C'est ton vagin, une partie de TON anatomie.

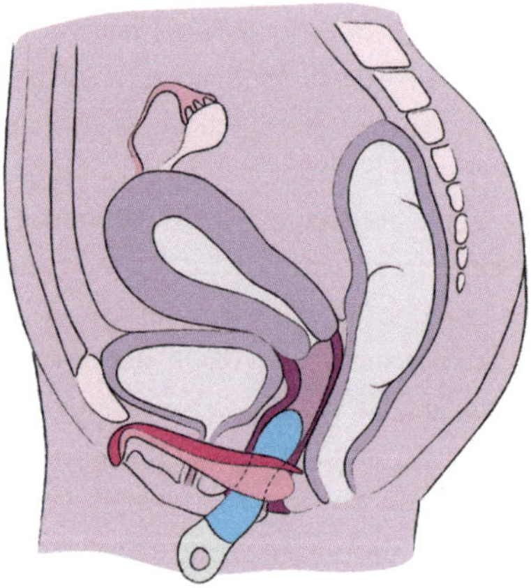

Une autre chose importante, c'est de respecter ton corps et ses choix. Tu as besoin de communiquer avec ton corps pour sentir si « oui » il souhaite faire l'amour ou pas, ne te force pas (si ton.ta partenaire te force c'est un viol, même si tu es en couple, mariée, avec des enfants on ne mendie pas le consentement de quelqu'un, le consentement s'obtient naturellement, sans forcer). Ne te force jamais toi-même, si tu n'as pas envie c'est que ton corps est dans une phase yin de repos, écoute-le, il te parle constamment. L'énergie sexuelle qui retombe après le rapport est extrêmement importante aussi, il est normal d'avoir une phase réfractaire après l'orgasme, tu as été dans une certaine « hauteur de l'énergie sexuelle » et après avoir fait l'amour tu as besoin de calme, de laisser cette énergie chuter, et les hormones aussi. Mais il y a aussi un impact, spirituel, énergétique. Lorsque tu fais l'amour avec une personne, tu absorbes son énergie sexuelle, vous la partagez tous les deux. Si souvent avec cette personne tu te sens mal, pas très bien, ce n'est pas uniquement à cause d'une chute hormonale et du besoin de « repos », c'est aussi lié à l'énergie que cette personne t'a transmise. C'est hormonal, et énergétique. Donc oui, lorsque tu as des rapports avec une personne tu viens partager ton énergie sexuelle et prendre la sienne. Fais l'amour avec qui tu veux, tu dois juste protéger ton énergie. Certains échanges sexuels ne se passent pas comme prévu, l'énergie ne matche pas, le dégoût parfois vient après le rapport. Tu as besoin de méditer, écrire, couper le lien avec ce ou cette partenaire. Plus tu vas te connecter à ton énergie sexuelle, plus tu vas ressentir celle des autres et ça te permettra de savoir d'avance si tu as envie ou pas de la partager avec la personne devant toi. Il y a un moment, dans le développement personnel où ta sexualité devient sacrée. Ce n'est pas pour ça que tu n'as pas le droit d'avoir des coups d'un soir ou un *one shot* ou un *sex friend*, on s'en fout de la nature de votre relation et du nombre de partenaires, tu vas juste « palper » l'énergie sexuelle de l'autre.

Exercice en couple

Mettez-vous tous les deux nus, l'un sur l'autre, collez vos fronts, sentez vos parties intimes qui se touchent, mais sans vous faire l'amour, dites-vous pourquoi vous vous aimez.

★

Pratiquez le slow sex, avec le bout de vos doigts allez chercher le corps de l'autre, lentement centimètre par centimètre.

★

Pendant l'orgasme de l'un ou de l'autre, collez vos fronts et laissez l'énergie sexuelle circuler.

★

Pratiquez le sexe non pénétratif jusqu'à la fin du rapport pour venir explorer l'autre.

★

Masturbez-vous ensemble, couchés dans le lit, dans le canapé et chacun se touche à côté de l'autre.

★

Inversez les rôles et masturbez-vous mutuellement.

★

Chacun son tour, embrassez délicatement chaque partie du corps de l'autre en lui disant pourquoi vous aimez cette partie de lui/elle : son pénis, ses cuisses, son nez, son dos.

★

Écrivez une lettre érotique à l'autre et lisez-la lorsque vous êtes nus dans le lit (ou ailleurs). L'excitation par les mots réveille l'énergie sexuelle.

★

Si vous sortez avec un homme (cis ou pas) demandez-lui, dans le cadre de l'intime, donc toujours nus, ce qu'il ressent vis-à-vis de cette masculinité toxique. Ne le jugez pas. Demandez-lui comment il vit sa vulnérabilité.

★

Parlez de sexe avec votre partenaire, de sensations, de ressentis.

La méditation orgasmique par Camille Bataillon

Je suis sexologue clinicienne et coach en méditation orgasmique. Mon motto est le bien-être sexuel inspirant, se sentir bien dans sa peau et bien dans sa sexualité sont au cœur de mon accompagnement. C'est pourquoi j'ai un compte Instagram @camilleparlesexe pour aborder tout ce qui touche à l'intime. De plus, j'ai récemment publié un livre intitulé Réinventer sa vie intime après bébé *pour informer dans une démarche d'épanouissement et sans quête de performance les jeunes couples qui viennent d'avoir un bébé. La méditation orgasmique (MO) est une pratique de pleine conscience qui se réalise à deux*. Pendant quinze minutes, l'un.e des partenaires va stimuler le clitoris de l'autre sans autre but que d'être focalisé.e sur les sensations et le moment présent. L'intention de cette pratique est de développer plus de conscience dans sa sexualité en connectant le corps à ses sensations pour la personne caressée. Pour la personne qui stimule le clitoris, cette pratique permet une meilleure connaissance du corps de l'autre, des subtilités de chaque caresse et la connexion à ses propres sensations dans un cadre rassurant.*

Cette pratique méditative fait partie de la mouvance du slow sex. Ici pas de performance, ni d'objectif si ce n'est se centrer sur la réceptivité et la communication sexuelle, avec soi et avec l'autre. Ainsi, les personnes qui pratiquent la MO disent avoir une meilleure connaissance de leur corps, de leurs sensations, ont plus de facilité à communiquer leurs (non) envies sexuelles, ont accès à des sensations orgasmiques variées, etc.

Comment débuter ?

La méditation orgasmique suit une philosophie et un cadre précis. Cela permet d'être en confiance dans l'expérience et de se laisser aller dans les sensations. Pour commencer la méditation orgasmique et découvrir l'apprentissage des différentes postures mentales et corporelles, il est recommandé de faire appel à des coachs en méditation orgasmique.

** Source : Camille Bataillon - Méditation orgasmique : étude exploratoire auprès de couples hétérosexuels, mémoire de master, université Louvain-La-Neuve, 2018.*

GUIDE POUR SE CONNECTER À SON ÉNERGIE SEXUELLE

Commence par écrire une lettre à ta vulve. Quelle relation as-tu avec elle ? Comment ressens-tu le fait de partager ton corps physique et énergétique avec elle ? Prends une feuille et parle-lui, ce que vous avez vécu, ce qui t'a marquée.

Une fois la lettre écrite, relis-la à voix haute, ressens chaque mot, pleure, souris, rappelle-toi de certaines choses et prends le temps de lire lentement et d'apprécier ces mots intenses.

Écris 5 choses que ta vulve t'apporte de positif et 5 choses qui font que tu l'aimes dans le tableau ci-dessous.

Réponds à cette question sur une autre feuille : ressens-tu la puissance de ta vulve ? Ce qu'elle te transmet ? Comment visualises-tu sa puissance ?

Maintenant, je t'invite à t'assoir confortablement. Dépose le livre à proximité. Ferme les yeux et imagine comme une boule d'énergie blanche, très claire, très lumineuse partir de ta vulve. Elle démarre entre tes lèvres, augmente en taille et monte tout doucement jusqu'à ton crane, doucement, prends ton temps pour la faire monter et observe ton corps.

Une fois que tu as ressenti cette force monter, je te propose de recommencer, mais cette fois comme si tu sentais l'orgasme monter, va rechercher cette lumière à partir de ton clitoris (sans le stimuler), et ressens comme le début d'un orgasme, sans te toucher, juste les yeux fermés et imagine.

Good job, tu es magique. Refais cet exercice jusqu'à ce que tu ressentes vraiment l'excitation monter, tu deviendras une pro.

Complète ce tableau :

LES 5 CHOSES QUE J'ADORE DANS LE SEXE	LES 5 CHOSES QUE J'AI ENVIE DE CHANGER DANS MA SEXUALITÉ
★	★ ....
★	★ ....
★	★ ....
★	★ ....
★	★ ....

Tu as toutes les cartes en main pour développer ton énergie sexuelle et vivre dans ta sexualité de manière consciente. Je suis sûre que tu vas y arriver, prends le temps de commencer par te découvrir aussi plus profondément, dans le chapitre suivant je vais aborder avec toi le thème de la masturbation, pour aller plus loin dans ta découverte.

« TON ÉNERGIE
SEXUELLE EST UNE
DES PLUS PUISSANTES
POUR MANIFESTER. »

L'AMOUR

Dans ce livre, j'ai pour mission aussi de te parler de l'amour. L'amour qui est un des plus beaux ressentis qui existe sur le long terme. Je ne le classe pas comme une émotion, mais plutôt comme une énergie en mouvement, comme l'amitié ou la famille. Cette énergie n'agit pas de la même manière qu'une émotion, elle a une vibration et s'installe différemment dans notre corps énergétique et marque notre corps. Les émotions le font aussi, mais pas avec la même intensité. À la différence du bonheur et de la tristesse, l'amour reste en toi. D'ailleurs l'amitié est une sorte d'amour, même si les humains ont souhaité la classer autrement, qui certes ne prend pas la même forme, mais dans nos cœurs on aime nos ami.e.s. Tu as besoin d'accepter que lorsque tu as aimé une personne, aucun verbe n'existe pour dire que tu « désaimes » une personne. Oui tu tombes amoureuse, ou amoureux, mais l'inverse n'existe pas. Aucun verbe n'a jamais existé pour signifier « arrêter d'aimer quelqu'un ». Chaque personne que tu rencontres, que tu aimes, ou qui t'aime, restera gravée en toi. Tu garderas en toi une partie de vous, de votre relation et votre intensité. Les personnes qu'on aime restent comme des cicatrices dans nos âmes. On connaît les cicatrices physiques, mais celles de l'âme existent aussi et elles nous marquent à jamais, on les ressent physiquement. Te permettre d'aimer quelqu'un est un cadeau pour toi, parce que tu auras une nouvelle cicatrice en toi, et crois-moi les cicatrices ne sont pas toujours « négatives ». C'est important de ne pas étouffer, renier et repousser une partie de ton histoire avec une personne, car cela signifie mettre de côté une partie de toi. L'amour. L'amour du travail, l'amour des gens, l'amour de soi. L'amour avec un grand A. Toutes ces formes d'amour nous permettent de vibrer, de ressentir et d'élargir notre âme. L'amour est une des plus belles choses au monde, c'est bateau, mais c'est tellement vrai. C'est concrètement LA chose qui empêche le monde de s'écrouler en mille morceaux.

C'est quoi l'amour envers une personne, dans une relation ? C'est quand le petit faible que tu as pour une personne devient une force. L'amour est cette alchimie difficile à contrôler, celle qui te donne envie de regarder le plafond de ta chambre au lieu de dormir, celle qui te sort de ta routine, qui te fait te sentir vivante et mourante en même temps. En amour, tu es vulnérable, ton esprit cartésien essaie de se rebeller parfois, et tu peux avoir l'impression d'être faible. Mais la faiblesse est une force, une force intense, car pour se montrer vulnérable il faut être forte. L'amour ce sont ces trucs et vibrations que l'autre personne te fait ressentir en une nuit ou en une vie, c'est cet échange d'âme, cette fusion qui ne t'empêche pas de continuer à fusionner avec toi-même, car tu n'es le 50 % de personne, tu es déjà un 100 %. On n'est jamais prête pour l'amour, le sexe, l'amitié, parce que personne ne t'apprendra à aimer, personne ne te donnera un mode d'emploi pour aimer « correctement ». On aime maladroitement parce qu'on a des blessures, des traumatismes, et notre mémoire cellulaire nous protège et nous empêche de nous laisser aller à cette vulnérabilité puissante. Lorsqu'on évolue dans notre propre intérieur, notre goddess se révèle et elle, elle sait aimer, non pas parce qu'elle s'aime d'abord elle-même – ceci est utopique, car on a le droit de ne pas encore s'aimer, mais de savoir aimer les autres. Souvent on entend « si tu souhaites être en couple ou aimer tu dois d'abord t'aimer toi-même », c'est faux, car tu peux être quelqu'un qui sait aimer les autres, mais n'arrives pas à s'aimer soi-même. Il s'agit de deux stades différents de l'amour. La question se pose réellement lorsque le couple dure. Quand on ne s'aime pas, on manque de confiance en soi, on attend trop de l'autre, on puise toute la confiance en soi chez l'autre. Si l'autre part, il y a un risque qu'il parte avec cette confiance. Mais tu peux aimer sans t'aimer parce qu'il n'y a pas de règles pour l'amour. Il y a bien des personnes qui savent conduire, mais qui n'ont pas de voiture. L'amour te permet d'évoluer constamment. Une relation amoureuse est celle qui nous permet d'évoluer dans tous nos axes. Peut-être que tu vivras ton éveil spirituel au moment d'une relation, et c'est Ok, tu ne dois pas rester la même personne avec ton.ta partenaire sous prétexte que si tu changes il.elle ne t'aimera plus, le but c'est que les âmes des deux personnes soient connectées au point d'évoluer ensemble, se laisser transporter par cette tornade qui révèle un soleil brutal, c'est ça une relation et encore je ne dis que le dixième de ce que c'est vraiment puisque le reste est propre à chaque relation. Les événements s'emboitent différemment, les règles, le sexe, les repas partagés diffèrent et sont propres à chaque relation. L'important est de trouver séduisant le fait de ne pas devoir décrypter les émotions de l'autre constamment, mais de se laisser aller à une relation fluide, qui se construit tout naturellement, la fluidité est la clé d'une relation. J'entends énormément de femmes me dire : « je dois me forcer à ne pas coucher avec lui ou elle », « j'ai peur d'être acquise ». La toxicité est de croire que faire l'amour avec quelqu'un signifie être acquise, tu n'es pas uniquement un appareil génital dit « féminin », tu es aussi un cœur, une intelligence, de l'humour, tu es sensuelle, tu es spirituelle, tu es une vraie personne à part entière. Si tu penses que lorsqu'une personne accède à ta sexualité elle accède à ton intimité, tu te trompes. L'intimité est plus intense que la sexualité, c'est ton trésor intérieur. Si tu mets toute ta valeur dans ce que tu as entre les jambes, c'est que tu n'arrives pas à voir ta valeur. Tu t'enfermes dans une prison, une prison de regrets, de rancœur, de honte et cela te rend aveugle vis-à-vis de ta valeur.

S'il y a un autre enseignement que je souhaite t'offrir dans ce livre, c'est qu'à partir du moment où tu penses quelque chose de toi, les autres le pensent aussi, parce que c'est ce que tu vas dégager et les gens se plient à l'image que tu as de toi. Lorsque tu décides de ne pas voir ta valeur ou que tu n'accèdes pas à ta vraie valeur, tu deviens aveugle. Être aveugle ce n'est pas « ne pas voir » c'est ne voir qu'une partie. Souvent, en coaching, les personnes que je suis me demandent : « Amal comment faire pour avoir une relation saine ? ». Savoir ce que tu veux, ce que tu ne veux plus, savoir que tu as besoin d'être la personne avec qui tu aimerais partager ta vie. Comme expliqué au début de ce livre, tu as besoin de vibrer sur la même fréquence que l'autre personne. Parfois, tu vas attirer à toi une personne qui n'a pas su évoluer en son intérieur, une personne blessée, traumatisée, que nous pouvons nommer « toxique » (je ne dis pas qu'une personne blessée est forcément toxique) et vous allez créer ensemble une relation toxique, qui va peut-être te détruire, mais cette relation est peut-être là pour te faire comprendre des choses, te donner des leçons. Je rencontre beaucoup de femmes qui me disent que le même schéma se répète en amour. C'est normal, tant que tu n'auras pas compris la leçon que l'Univers essaie de te donner, tu rencontreras la MÊME personne dans un corps diffèrent, l'histoire se répètera sans cesse. Très fréquemment, des personnes se mettent en couple parce qu'elles ont peur d'être seules, mais être célibataire ne signifie pas être seule, absolument pas. Être seule n'est pas négatif, c'est juste ce qu'on t'a appris. Dans mes coachings, je rencontre souvent des personnes souffrant du syndrome du sauveur, des personnes qui se mettent en tête de changer leur partenaire. Elles ne veulent pas vraiment le sauver, elles veulent se sentir spéciales. Peut-être que dans leur passé, elles ne se sont pas senties spéciales aux yeux de certaines personnes, comme leurs parents. À travers cette relation, ces personnes veulent se sentir uniques et devenir la sauveuse de leur partenaire. Elles se tournent toujours vers des personnes qui doivent encore évoluer, ainsi, elles nourrissent leur ego en se disant « je l'ai changé ». Tu ne peux pas obliger une personne à avancer, tu peux juste être un coup de pouce, mais la personne a besoin de tout faire par elle-même.

En amour, je rencontre souvent les mêmes cas, parce que l'on a tous des blessures sociétales communes, on réagit souvent comme on nous dit d'agir, sans réfléchir avec nos propres cerveaux, et c'est pour cela que beaucoup de nos relations se ressemblent.

Je peux me considérer comme une « love coach », mais je préfère dire juste coach de manière générale ; car si une personne vient me consulter pour que je lui apprenne à ne plus avoir le cœur brisé, à se remettre d'une relation, je vais lui apprendre à se développer elle-même, à guérir de ses blessures et à découvrir pourquoi elle est/était attirée par cette personne. Toute personne qui vient dans ta vie t'enseigne quelque chose : sur la vie, sur les gens, sur toi. Tu dois apprécier cet apprentissage, c'est un processus qui impactera tout le reste de ta vie. Alors j'entends très souvent « l'amour fait mal », l'amour ne fait pas mal, mais les humains te font mal. Chaque personne va souffrir différemment en amour, certaines par déception de l'autre, certaines auront honte d'elles-mêmes, certaines personnes jouent les fortes devant leurs ami·e·s alors qu'elles ont peur à chaque rencontre avec un.une partenaire. Elles ont besoin de prouver, elles ont peur de ne pas plaire, de ne pas se faire accepter. Elles recherchent la validation continue. Alors elles pensent pouvoir tout contrôler, mais elles ne contrôlent rien, parce que les émotions sont plus puissantes que le cerveau humain, je pense que si le cerveau humain pouvait parler il dirait : « Dans la nature les émotions sont mes amies, mais les humains les ont transformées en mes ennemis. » Comme je te l'ai dit dans les chapitres précédents : ne crois pas que l'intelligence et l'émotion sont opposées, tout va ensemble, tu es une entièreté. L'amour et le sexe sont deux domaines qui réveillent beaucoup de peur : abandon, trahison, humiliation, mais un jour tu ne voudras plus être ton propre prisonnier, tu voudras te sentir libre d'aimer, baiser, pleurer sans penser à la douleur que tu peux ressentir, tu te diras que l'amour ne rime pas avec souffrance, mais avec liberté, passion, intensité. Ne crois pas que parce qu'on n'a pas su t'aimer, peut-être dans ton enfance ou ta jeunesse, tu es incapable d'aimer. Tu es amour.

LA RUPTURE

Parler d'amour suppose de parler de rupture, de fin. Un des enseignements qui m'a transformée c'est : la relation se termine, mais jamais l'amour. Le mot « rupture » appartient à la relation, pas à l'amour. Le problème des humains est qu'ils dépensent leur énergie à arrêter d'aimer, essaier d'oublier, essaier de « passer à autre chose » rapidement. Encore une fois, l'humain prend le « problème » du mauvais côté, il essaie encore une fois d'étouffer au lieu de vivre. La rupture est une bonne chose, elle permet de gagner du temps, et le temps est un luxe. Comme je dis souvent, ce n'est pas parce qu'une histoire se termine que c'est la fin de tout, c'est la fin de la cohabitation, de la relation, mais pas de tout ce que la personne t'a appris, l'amour qu'elle t'a fait ressentir. Donc, considérons que la rupture est une forme de début, un début pour toi et l'autre personne. Honnêtement, le temps ne guérit rien, cette phrase m'a toujours laissée dubitative étant plus jeune et aujourd'hui j'y crois encore moins, et heureusement. Ce n'est pas parce que les humains sont habitués à ne pas ressentir vraiment leurs émotions, et devoir à tout prix « vite se remettre de la rupture » que le temps y est pour quelque chose. Je pense que la rupture est très mal vécue dans notre société. Ce qu'on voit souvent dans les films c'est par exemple une femme qui se fait quitter, qui se fait belle, qui va en soirée avec ses copines et ses copines qui lui disent : « Aller chérie, arrête de pleurer » non. Laissez-la pleurer et lorsque tu vis une peine de cœur ce n'est pas toujours ton physique qui a besoin d'être consolé, ressourcé, c'est ton corps énergétique. Donc oui, tu as le droit de rester au fond de ton lit, de l'aimer même après la rupture, tu as le droit de te remettre avec ton ex, tu as besoin d'apprendre cette leçon. Une rupture doit être analysée, une relation aussi. Tu vas voir les failles, ce que cette relation dit de toi. Et ça, c'est la véritable chose importante d'une rupture. On apprend tellement dans l'échec, c'est bateau, mais ça t'aide à t'améliorer. C'est extrêmement rare d'apprendre quelque chose dans la réussite. Profite de ces moments pour tirer tes plus beaux enseignements. Peut-être qu'un jour tu auras une relation qui aboutira à un mariage, un foyer, mais il y en aura 10 ou 100 qui vont t'apprendre comment bien vivre LA relation saine de ta vie. C'est dans la fin d'une relation que tu réalises beaucoup de choses, c'est dans le goût amer que cette relation te laisse que tu vas apprendre, te préparer à la rencontre avec ton âme sœur avec qui les mots-clés seront douceur, intensité, fluidité et disputes possibles, mais disputes bienveillantes, sans violence. Ne vis jamais la rupture en te disant : « Oh j'ai perdu x années de ma vie », absolument pas, le temps n'est jamais perdu, le temps ne se récupère pas, mais c'est une valeur à long terme. Chaque seconde que tu as passée à aimer cette personne est importante, parce que ces secondes, ces années sont déjà dans le passé, concentre-toi sur « maintenant ».

Allons ensemble sur le chemin du chapitre suivant, le dernier, pour découvrir une relation avec une personne qui ne rompra jamais avec toi, toi-même.

Chapitre 8

FAIS-TOI L'AMOUR

LA MASTURBATION ET LA SOCIÉTÉ

La honte. C'est une des premières sensations qui m'est venue à l'esprit lorsque j'ai découvert la masturbation, et c'est le sentiment qui revient le plus lorsqu'on demande aux femmes leur premier ressenti par rapport à cette pratique. Nous savons que ce voile de honte est déposé par la société qui permet aux garçons de parler beaucoup plus facilement de leur moment « branlette » qu'aux femmes de pouvoir se sentir libres de se faire plaisir. Même si j'estime que chaque personne a le droit d'en parler ou pas, la sexualité est un sujet personnel, qui touche à l'intime de chacun. Il y a cette aisance chez les jeunes garçons et les hommes à parler de leur sexualité de façon libérée, que ce soit de leur sexualité seul ou avec leur partenaire. Nous avons tous une relation avec la masturbation, mais celle des femmes est impactée négativement dès l'enfance avec la découverte de leur vulve, le « truc en moins » par rapport aux petits garçons. Mais aussi à la puberté, lorsqu'elles observent les garçons parler aisément de leur séance masturbatoire ou de leurs expériences sexuelles, alors que les jeunes filles doivent les cacher ou s'abstenir. Elles n'osent pas, par peur du jugement, notamment de ces mêmes mecs. Plus tard, devenues adultes, elles simulent, ont honte de leur vulve, se masturbent rapidement sans le vivre pleinement, et tout ceci parce que la société a transmis aux femmes un sentiment de culpabilité d'aimer et vivre leur sexualité. C'est pour ces raisons que, selon moi, la masturbation dite « féminine » est un réel combat, car derrière ce sujet, il y a plus qu'un simple tabou, mais une véritable oppression de la sexualité des femmes. Tu l'auras compris, je suis une militante sexuelle.

Quelles émotions viennent à toi lors de tes séances masturbatoires ?

J'ai envie de te déculpabiliser autour de cette pratique, j'ai envie que tu comprennes que la masturbation est un pilier de la santé sexuelle, peu importe la fréquence, chaque personne a sa fréquence, son rythme, et c'est Ok. Le tout repose sur le fait de le faire avec passion, de ne pas (ou du moins ne plus) te sentir mal de t'offrir ce plaisir sexuel.

La masturbation est un moyen de self-care, tout dépend de l'intention (que désormais tu connais très bien) que tu vas lui donner, si tu te dis « j'ai passé une mauvaise journée, j'ai besoin de libérer cette énergie de stress et me masturber » tu vas l'utiliser en moyen de self-care. Tu peux aussi l'utiliser comme moyen de self-exploration, ou encore comme antidouleur pendant les menstruations – tout en gardant en tête que de base la masturbation n'est pas un somnifère ou un antidouleur, en tout cas, ce n'est pas uniquement ça. Ça peut l'être, mais il faut que sa fonction principale reste le self-care de ton énergie sexuelle : les moments intimes avec ta vulve, les moments d'orgasmes, le plaisir pour toi et uniquement toi. Tu dois te lâcher complètement et te défaire des pressions sociétales qui créent des injonctions : la forme de ta vulve, ton. ta partenaire qui te regarde ou toute autre source de questions. Laisse-toi aller et pars à ta rencontre.

La masturbation n'est pas juste une technique avec laquelle tu viens stimuler ton clitoris externe de façon rapide devant un porno en écartant ta culotte. C'est le mode de fonctionnement de la plupart des femmes et ce n'est la faute de personne, c'est le patriarcat et la société, cette *fast* masturbation née de l'oppression que subit sans arrêt notre sexualité. L'envie d'aller vite pour arrêter de se sentir mal, coupable. Alors que la masturbation est avant tout l'art de se faire l'amour à soi-même... quelle force ! C'est tellement puissant de venir se connecter à soi-même, tu es tellement puissante, tu es capable de te donner un des plaisirs les plus forts au monde, seule. La masturbation est selon moi, une des clés du self-care, elle prend 1 001 formes. Si les personnes rentrent dans un schéma masturbatoire, c'est selon moi par peur de découvrir leur puissance. La masturbation prend toutes les formes que tu veux, toute forme que tu lui donnes elle l'accepte, elle la prend, et elle te donne ce que tu demandes. Te masturber pour gagner confiance en toi, c'est totalement possible, te masturber pour manifester, te masturber pour passer du temps avec toi, te masturber pour oublier ta journée, te masturber pour découvrir ce que tu aimes en toi. La masturbation n'a pas un seul et unique but. Trouve de l'amour dans tes propres caresses, trouve cette passion dans la façon que tu as de te toucher, ressens ta propre chaleur, ressens ta peau, sa douceur, ses blessures, prends le temps de te compléter. On dit souvent que lorsqu'on fait l'amour avec une de nos âmes sœurs on se sent « complète », c'est pareil lorsque tu te masturbes, tu es complète, encore plus, car c'est de toi à toi, tu ne peux pas te tromper, tu es juste avec toi. En coaching sexualité positive souvent je dis à mes coachées « dis-moi comment tu te masturbes, je te dirais qui tu es » ça en dit tellement sur toi, tes peurs, tes angoisses, tes points forts. La masturbation est une façon de communiquer avec soi-même. C'est une richesse. La sexualité, l'amour et l'argent sont trois domaines qui en disent beaucoup sur les êtres humains. On voit rapidement ce qu'ils ont vécu, leur relation à soi, aux autres et à la vie dans ces domaines. Ce sont trois parties de la vie d'un humain qui en disent long sur lui. Mais tous ces domaines se travaillent. Si tu ressens que tu ne te masturbes pas de façon consciente, ou que tu ne t'explores pas, que tu recherches juste l'orgasme le plus rapidement possible, je vais te donner quelques conseils pour pouvoir te masturber.

Les conseils pour se faire l'amour

Crée une atmosphère (bougies, lumière tamisée).

★

Installe-toi dans un endroit où tu n'as pas peur de te faire prendre, sois tranquille, tu as besoin d'avoir la tête vide.

★

Mets-toi entièrement nue et caresse ton corps.

★

Conscientise ton corps (touche-le avec plus de force pour le réveiller).

★

Libère l'énergie restante (bouge intuitivement, comme tu en as envie et libère ce *too much* qui est en toi).

★

Écoute ton corps, est-ce qu'il a envie de cette séance masturbatoire ?

★

Si oui, prends le temps de te toucher, te découvrir, alterne entre sex toys et tes doigts pendant la séance masturbatoire.

Ce que je te propose ici ce sont mes conseils, mais en aucun cas une obligation, ce sont des pistes pour transformer ce qui est nommé « masturbation » en « se faire l'amour à soi », mais tu es totalement libre, et je te le conseille, de trouver tes propres techniques pour faire d'une séance de masturbation un moment sacré et magique. Il est plus compliqué de trouver des moments *safe* pour les personnes qui ne vivent pas seules et qui souhaitent se masturber, car dans ce cas-là, la personne fait attention au bruit de peur de « se faire prendre », alors, le sens le plus développé – l'ouïe, la stimulation auditive – va être biaisé, ce qui va impacter le toucher et le ressenti. Essaie de te masturber au maximum quand tu es seule et que tu te sens libre. L'atmosphère est importante. Tu peux te détendre et te masturber après avoir lu quelques pages d'un livre – peut-être que tu iras à ta rencontre juste après cette lecture, dans ce cas : profite bien goddess. Il est capital dans ton développement personnel de te créer ton « goddess moment » même si c'est faire ta skincare, te faire une soirée pizza, méditer, crée ton cocon... Ton environnement est tellement important, on ne réalise pas l'impact qu'il a sur nous, trouves un coin de ta chambre, du salon, du dressing qui deviendra ta goddess place pour tes goddess moments. Tu n'es pas obligée de te masturber dans un lit, tu peux le faire sur un tapis de yoga, dans ton bain, sur le canapé, libre choix. Et méditer avant de se masturber permet de se recentrer d'autant plus, de s'aligner avant d'aller à sa rencontre. Sens-toi à l'aise dans ton environnement, c'est capital, le corps se rappelle de tout, il assimile les endroits aux personnes, à ton état d'esprit. Cela t'est sûrement déjà arrivé de te rendre à un endroit et de te sentir angoissée et te rappeler qu'à ce même endroit tu as vécu des choses inconfortables. Le corps n'oublie rien. Montrer à ton corps que la masturbation est un moment magique pour toi est capital. Après avoir appris à ton corps que la masturbation est un moment fantastique et pas angoissant, je te conseille de te mettre complètement nue parce que cela va réveiller ton corps et améliorer ton schéma corporel, puis de te caresser, te regarder avec amour et passion. Lorsque tu partages un moment sexuel avec un·e partenaire souvent tu te mets complètement nue pour pouvoir passer un moment vraiment intime, sauf si c'est un rapport rapide, intense, rigolo ce qui est extrêmement cool aussi, mais la plupart du temps on fait l'amour entièrement nu pour être dans un état animal. Cette « règle » est valable aussi dans la masturbation, te regarder, te toucher et fusionner avec toi-même. Le fait de te mettre nue va automatiquement te faire accueillir les « étapes » d'après, en tout cas les conseils que je te propose : conscientiser ton corps signifie aller vraiment à la recherche de ce dernier, le toucher un peu plus dynamiquement que des caresses pour le réveiller. Conscientiser son corps est un acte que j'apprécie faire au réveil, me toucher, me palper. Palper. C'est vraiment le mot parfait. Et après ce réveil corporel, je t'invite à bouger dans tous les sens, sans limites, les bras, faire sortir cette énergie « restante », te sentir plus légère, tu peux faire tous les mouvements vraiment pour te libérer.

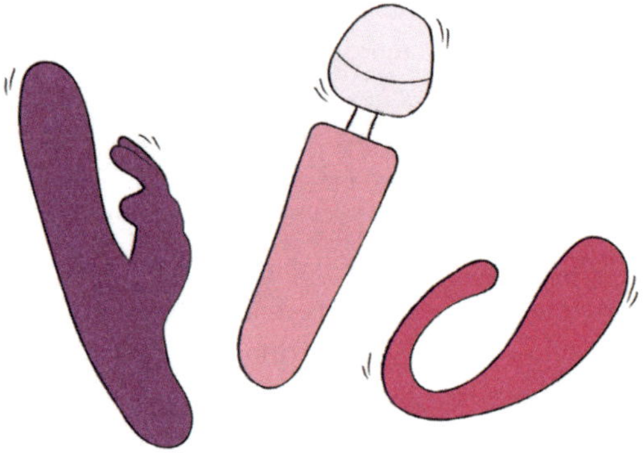

Une fois que tu vis dans ton corps, et pas à côté de lui, que tu sens que tu es là, au moment présent, que tu as pu reprendre le contrôle gentiment de tes pensées et rentrer dans ta bulle, c'est le moment où tu vas venir observer ton clitoris, ta vulve. Non pas les observer avec tes yeux physiques, mais tes yeux internes, est-ce que tu sens qu'ils ont envie de te rencontrer, de jouir, de passer un moment sexuel seule ? Si tu sens que ton corps en a envie, alors c'est le moment de commencer à te faire l'amour, tu as le choix, avec un sex toy ou pas, ou les deux. Tu as le droit de faire comme tu veux, il existe différents types de jouets et je conseille toujours d'en avoir plusieurs pour alterner les sensations. Prends ton temps, lorsque tu sens l'orgasme monter, arrête-toi, souffle, et recommence, arrête et recommence jusqu'à ce que tu sentes que tu ne peux pas aller plus loin et une fois que tu atteins l'orgasme profites-en pour soit le laisser aller en ne faisant absolument rien, soit essaier de le faire monter dans tous tes chakras, dans tout ton corps. Il est possible de bouger cette énergie et c'est puissant. Il n'y a pas de techniques précises, il s'agit de visualiser l'orgasme et essaier de le faire monter au niveau du ventre, du plexus solaire, de la gorge, et qu'il se balade en toi, qu'il passe sur les sept plans de ton corps. Les jouets que j'aime beaucoup pour apprendre à se connaître ce sont les jouets conscients, ceux qui ne vibrent pas, ils sont en pierre précieuse comme le quartz rose. Par exemple, l'obsidienne est une pierre qui aide pour les traumatismes sexuels, même si une thérapie chez le psychologue est nécessaire, ces pierres viennent aider, quand tu te sens prête à te reconnecter avec ton corps. Il y a plein de pierres différentes dans ces jouets conscients, choisis celle qui t'attire le plus et n'hésite pas à te faire aider en boutique. Mais tu peux aussi avoir des stimulateurs clitoridiens, des stimulateurs de point G, des vibromasseurs. Tu peux même te masturber rapidement, sans tout ce rituel quand tu sens que tu as besoin de cette pulsion, c'est Ok. Mais il est important aussi de te masturber en étant dans ton corps et en étant consciente de ce qui se passe en toi, l'un n'empêche pas l'autre. Je préfère te prévenir : on revient rapidement à ce magic sex, ce sexe conscient. Lorsque tu as atteint l'orgasme, si tu avais envie de l'atteindre, puisque ce n'est en aucun cas une obligation je t'invite à rester reposée nue dans ton lit et à profiter de ce qui se passe dans ton corps, ne pas te lever directement, profiter, absorber cette énergie sexuelle qui a été propulsée. Tu peux utiliser cet orgasme comme moyen de manifestation, lorsque la lune est en phase, je te conseille de mettre en place un rituel nouvelle lune et/ou pleine lune en fonction de l'énergie de cette lune et de te masturber ainsi et de visualiser au moment de l'orgasme ta manifestation. Oui, ton orgasme et une technique de manifestation. Comme je t'expliquais plus haut : la masturbation prend toutes les formes que tu veux.

LES 4 SAISONS DE LA SEXUALITÉ

L'hiver : Rien ne se passe pendant l'hiver ; c'est donc le moment d'honorer le vide, de laisser l'énergie sexuelle travailler en toi. Le sexe dans la présence, les massages hot, les nudes, les câlins.

Le printemps : La curiosité, l'envie d'explorer, d'en savoir plus. C'est le moment d'essaier des nouvelles choses. La sexualité intuitive c'est la sexualité du printemps.

L'été : C'est le moment des orgasmes intenses. L'énergie sexuelle qui s'est créée durant l'hiver sort enfin et jouit.

L'automne : Le moment de gratitude, de paix dans sa sexualité. Apprécier sa sexualité, honorer son corps, celui de son.sa partenaire.

L'INTIMITÉ

Ce trésor, ce mot « intimité » qui a un goût de secret, de passion et de mystère à la fois. C'est une des bases du self-care, du couple et de l'épanouissement. Lorsque tu dis « c'est une amie proche, intime » je veux que tu te considères comme ça aussi, sois intime avec toi-même. Fouille en toi. L'intimité c'est une sorte de profondeur au-delà de l'acte sexuel et de la masturbation, c'est être en profondeur avec toi et les autres. L'intimité c'est une des bases d'un couple. Lorsque tu souhaites reconstruire ta sexualité de couple une des premières choses à faire est reconstruire cette intimité qui souvent disparaît. Par exemple : prendre une douche ensemble, se partager des secrets, regarder un film ensemble dans le noir, se tenir la main, sentir la peau de l'autre et dormir nus, regarder la télé nus, dîner ensemble en discutant. Tout ça décrit l'intimité. Et tu dois aussi être intime avec toi-même. L'intimité est beaucoup dans la nudité consciente hors sexualité. La nudité consciente est un concept que je nomme ainsi et qui vient distinguer la nudité inconsciente donc : aller se laver, changer de vêtements, des actes qui nécessitent cette nudité pour être menés à bien et la nudité consciente, celle où tu te mets à nu pour une simple et bonne raison : être nue. Tu as envie de sentir ton corps, de le voir, de l'observer. Et ce n'est pas chose facile, car avec l'évolution des réseaux sociaux, des standards de beauté beaucoup de personnes vivent mal dans leur corps, ont peur de se voir nues de façon consciente, donc prends ton temps pour tout doucement vivre dans ce corps, l'observer, te mater dans un miroir et apprécier la vue, car elle est à toi, à ce moment-là, elle t'appartient. Je conseille souvent de dormir nue, car cela a beaucoup de bénéfices sur la qualité du sommeil, ça impacte la température corporelle, ça libère plus d'hormones qui facilitent le sommeil. Même si les premières fois on ressent le froid, au bout d'une semaine on s'y habitue et on devient accro à ce sommeil si profond et si apaisant. Aucune barrière entre ton corps et les draps, la nudité pendant le sommeil impacte le couple, les couples peuvent se crée une intimité en dormant ensemble, et si tu es seule cela t'aide à améliorer ton image corporelle. C'est incroyable comme toutes ces petites choses peuvent changer ta manière de vivre en toi, te rendre plus intime avec ton âme, avec toi-même, apprendre à te connaître, passer du temps seulement avec toi, aller au restaurant seule, te balader seule et apprécier ta propre compagnie, être dans ton intimité. Et c'est selon moi l'intimité qui regroupe finalement tout ce que je t'ai offert dans ce livre. Travailler tes blessures signifie te faire confiance, rentrer dans ta sphère intime. Te faire confiance pour apprendre à manifester signifie aussi passer des moments intimes avec toi.

★ **Quels sont les nouveaux moments intimes que tu vas rajouter à ton quotidien ?**

13:12
MESSAGES
MESSAGES

CONCLUSION

Tu es arrivée à la fin de ce guide. J'écris ces mots en ayant les yeux remplis de larmes, parce que tu m'as fait confiance tout au long de ces pages. Et parce que moi aussi, comme toi, je laisse une partie de moi dans ce livre, une partie de ma douleur, dans le harcèlement subi lors de mes études de sage-femme, pour moi ce livre est une transmission de tout ce qui m'a transformée, tout ce qui m'a fait devenir la femme que je suis aujourd'hui. J'ai aussi, avec toi, mis noir sur blanc toutes les leçons que la vie m'a transmises. J'ai commencé ce livre lors d'un stage qui se passait mal, j'étais de garde, la nuit, et j'ai commencé à écrire ; mais je ne parvenais pas à t'écrire, alors je me suis écrit à moi-même, j'ai posé sur une feuille mon ressenti. Je te propose un extrait de ce que j'avais écrit ce jour-là, sans retouche, sans modifications pour que tu puisses voir à quel point j'étais au plus bas, et à quel point ma goddess intérieure a pu sortir grâce à tout ce self-care. La vie a définitivement changé lorsque j'ai compris que je devais vivre pour moi, en moi. Je n'ai pas tout à fait fini, si tu as aimé les derniers chapitres qui parlent de sexualité et de corps sache qu'un troisième livre est déjà en cours pour l'année 2022 autour de ces sujets. Je te remercie, car tu as su te laisser transporter dans mon monde, j'espère qu'il t'a plu, qu'il t'a fait vibrer. J'espère que tu as senti qu'un nouveau chapitre s'ouvrait à toi, dans TA vie. Tu n'es plus la même, tu vas continuer à travailler sur toi, tu vas enfin comprendre que tu es déjà la femme que tu as envie d'être, tu es déjà magique, impressionnante, forte. Peu importe ton passé, qui tu as été, peu importe ce que disent les dictons, car pour moi tu as toujours le droit à une deuxième, première impression, tu as le droit de changer, de devenir celle qui est au fond de toi, de te révéler telle que tu es au plus profond de toi-même, et je suis heureuse de t'avoir tenu la main pour réussir à prendre vraiment soin de toi, dans tes profondeurs. Je suis obligée de lâcher ta main parce que maintenant c'est toi qui vas tenir ton autre main, telle une goddess.

Ah, et si tu as bien suivi mes études de sage-femme qui m'ont détruite, alors tu te demandes peut-être où j'en suis aujourd'hui. J'ai bien évidemment quitté ces études, je suis devenue coach en neuroscience et j'ai finalisé une formation en sexualité positive. Et j'ai fortement manifesté. Au moment où tu lis ce livre, je suis en formation certifiante dans une université en sexologie clinique (le truc où je ne pensais pas du tout être acceptée puisque j'avais quitté mes études de sage-femme, mais rien est assez gros pour l'Univers) et je suivrai à distance, à partir de janvier 2022, une autre formation de mes rêves, en sex-coach, au sein d'une université aux États-Unis. Et toujours autant d'amour sur mon compte Instagram @amaltahir.

Merci de m'avoir lue,

Merci d'avoir cru encore une fois en moi, Merci pour cet amour,

Et n'oublie pas de te remercier.

Chère Amal,

C'est la merde non ? Oui. Tu es censée commencer à travailler sur ton prochain livre, mais tu as tellement de haine, de rancœur envers ce monde que tu n'arrives pas à écrire parce que simplement le fait de penser à du self-care, pour le moment, ça te donne envie de pleurer, de tout laisser tomber. C'est compliqué en ce moment pour toi, tu es dans une phase horrible, qui te torture, tu te sens plus bas que terre. Tu sais ce que ta grand-mère te dirait ? Que tout ce qui n'est pas fait pour toi tu ne pourras pas le retenir, si ces études ne sont plus pour toi tu devras les laisser aller, loin de toi, parce que pour le moment, dans cette garde d'hôpital à 2 heures du matin c'est toi qui as les yeux rouges et gonflés c'est toi qui sombres de jour en jour. Tu es déprimée constamment, tu ne rigoles plus, tu rentres rapidement chez toi pour t'effondrer. Pourquoi as-tu si peur d'échouer ? Pourquoi as-tu si peur de ce que les gens vont penser de toi ? Pourquoi est-ce que tu n'es pas ta priorité ? Tu es la personne la plus importante de ta vie, tu ne peux plus rester ici, entre quatre murs qui t'étouffent, tu manques d'air Amal. Tu manques d'oxygène. Tu sais ce qui est fait pour toi, tu sais ce qui te rend heureuse, alors casse-toi. Je ne peux plus te voir comme ça, le regard dans le vide, affalée dans ton canapé, sans manger, sans aucune activité physique, sans rien. Tu n'es plus heureuse ici, tu as pris ce que tu avais à prendre. Pars, et ne te retourne pas. Pourquoi tu te mets à pleurer quand je te dis de partir ? Parce que tu as peur, mais moi aussi j'ai peur de te perdre à force d'essuyer tes larmes. Je me demande si quelqu'un s'est déjà vidé de toute l'eau de son corps à force de pleurer parce que toi tu n'es pas loin de ce cas de figure. Je sais que c'est dur pour toi : tu te fais maltraiter, on te regarde mal, tu sens les regards fixés sur toi, tu sens cette mauvaise ambiance quand tu arrives en stage. Oh l'influenceuse. Ce sont les mots qu'elles se disent en pensant que tu n'entends pas, elles jettent ta nourriture quand tu as le dos tourné, elles te rabaissent constamment, elles font semblant de ne pas connaître ton prénom et tu ramasses les coups, comme un boxeur qui décide de ne plus se battre, tu les laisses te frapper de plus en plus. Tu es à terre, mais une chose est sûre, même si tu vis de la merde sache que je te fais confiance, alors écris-moi ce livre avec toute la passion que tu as, parce que ça, cette passion, personne ne pourra te l'enlever et sois sincère dans ton livre, parce que ces moments horribles que tu vis, dans quelques mois ou quelques années quand tu iras mieux seront un message pour les autres. Je t'embrasse Amal, tu me manques vraiment beaucoup.

LES COMPTES INSTAGRAM DE DÉVELOPPEMENT PERSONNEL ET SPIRITUALITÉ À SUIVRE

@dina_kdr : une femme inspirante qui nous parle de sujets de société, de réflexions, d'entrepreneuriat et de développement personnel.

@purehumansoul : avec Chloé on parle sexualité, spiritualité et surtout apaisement dans la vie terrestre.

@thegingerchloe : une créatrice de contenu self-love qui met en avant les vrais corps de la vraie vie et qui rebooste quotidiennement.

@tevy_khon : une coach de vie qui accompagne les personnes qui le souhaitent à couper les liens avec les parents toxiques et à travailler ces blessures.

@valbenoit : je considère Valérie comme une de mes mentors, elle t'aide à te reconnecter à ton féminin et c'est la goddess qui a préfacé mon livre.

@taniamakeuplus : une femme qui t'aide à t'aimer, sans aucune condition et aucune limite. Des outfits pour midsize et plussize qui te permettent de te libérer des idées de la société.

@justinacessible : un rayon de soleil, une personne vraie sur Instagram qui te boost quotidiennement. Avec Justine c'est la vraie vie, avec beaucoup d'humour et son compte te met dans une vibe de bien-être assuré.

@zia.hml : une femme incroyable à suivre surtout si tu as envie de créer un business, c'est l'organisation en personne. Pleins de tips et de bonnes ondes pour te lancer.

@margaux.coaching : une coach à suivre si tu es hypersensible, haut potentiel ou simplement pour du développement personnel. C'est un endroit où tu te sens comprise et où tu vas en apprendre beaucoup sur toi.

@shana.lyes : une astrologue et une sorcière féministe qui t'en apprennent quotidiennement sur les chakras, le yoga, la méditation et le bien-être.

@safaaetoi : tu l'as découverte dans ce livre nous présenter les secrets de l'entrepreneuriat, à suivre absolument, c'est une vraie business coach.

@gigilust : une bouffée d'air frais ce compte merveilleux pour t'aimer sans limites et te rapprocher encore plus de l'amour de soi. Magique.

@zineb_jcoaching : une merveilleuse coach qui t'apprend à travailler sur tes blessures émotionnelles, des conseils pratiques et du contenu de qualité pour évoluer.

@thevibrationgoddess : une coach en loi de l'attraction qui a également participé à ce livre et qui est une mine d'informations sur la manifestation, l'argent et c'est une vraie goddess inspirante, une de mes âmes sœurs.

@amina.elabbassi.naturopathe : une naturopathe de taille, dans ses ateliers et son compte elle enseigne tellement de choses merveilleuses : le pardon, la fertilité, l'amour. Cette femme est une richesse.

@amina_sutter : femme d'exception, astrologue qui présente l'astrologie comme un moyen de développement personnel.

REMERCIEMENTS

Les remerciements d'un livre sont pour moi encore une fois le rappel de l'importance de la gratitude dans sa vie. Remercier la vie et les personnes magiques est capital. Je commence toujours par me remercier moi-même pour avoir réalisé encore une fois, un de mes rêves et vous avoir transmis des points de vie, qui j'espère, transformeront la vôtre. Je remercie la personne qui a porté ce projet avec moi, Mathilde Poncet. Merci du fond du cœur pour ta passion, ta rigueur, ton investissement dans ce projet et ton soutien sans faille. Merci également à toutes les super femmes des Éditions Leduc qui m'ont accompagnée pour ce projet complètement divin. Merci à la maison d'édition en entier, finalement, car chaque petite personne apporte quelque chose à ce livre. Merci à mon assistante qui, encore une fois, a été d'un soutien sans faille : Marina Brunel. Merci à mes amies, sœurs – Valerie Benoit, Alexina, Alison, Audrey, Heiba, Celia, Amina, Assia, Imane, Dina, Zeineb, Hajar, Chloé –, toutes ces sœurs que la vie m'a offertes. Merci à mes parents, mon petit-frère, ma famille. Merci à ma communauté, mes lunes, qui sont aussi un énorme cadeau de l'Univers. Une communauté sincère, connectée et alignée.

NOTES

Cet ouvrage est composé de matériaux issus de forêts
bien gérées certifiées FSC®, de matériaux recyclés
et de matériaux issus d'autres sources contrôlées.

Le Forest Stewardship Council® est une organisation
internationale non gouvernementale qui encourage une gestion
écologiquement adaptée, socialement bénéfique et économiquement
viable des forêts de la planète. Pour en savoir plus,
consultez le site www.fsc.org

MIXTE
Issu de sources responsables
FSC® C023577

Achevé d'imprimer en octobre 2021 par Polygraf
Dépôt légal : novembre 2021
Imprimé en Slovaquie